100 Mandalas

∞ ARTE Y RELAJACIÓN ∞

Paint & Fun

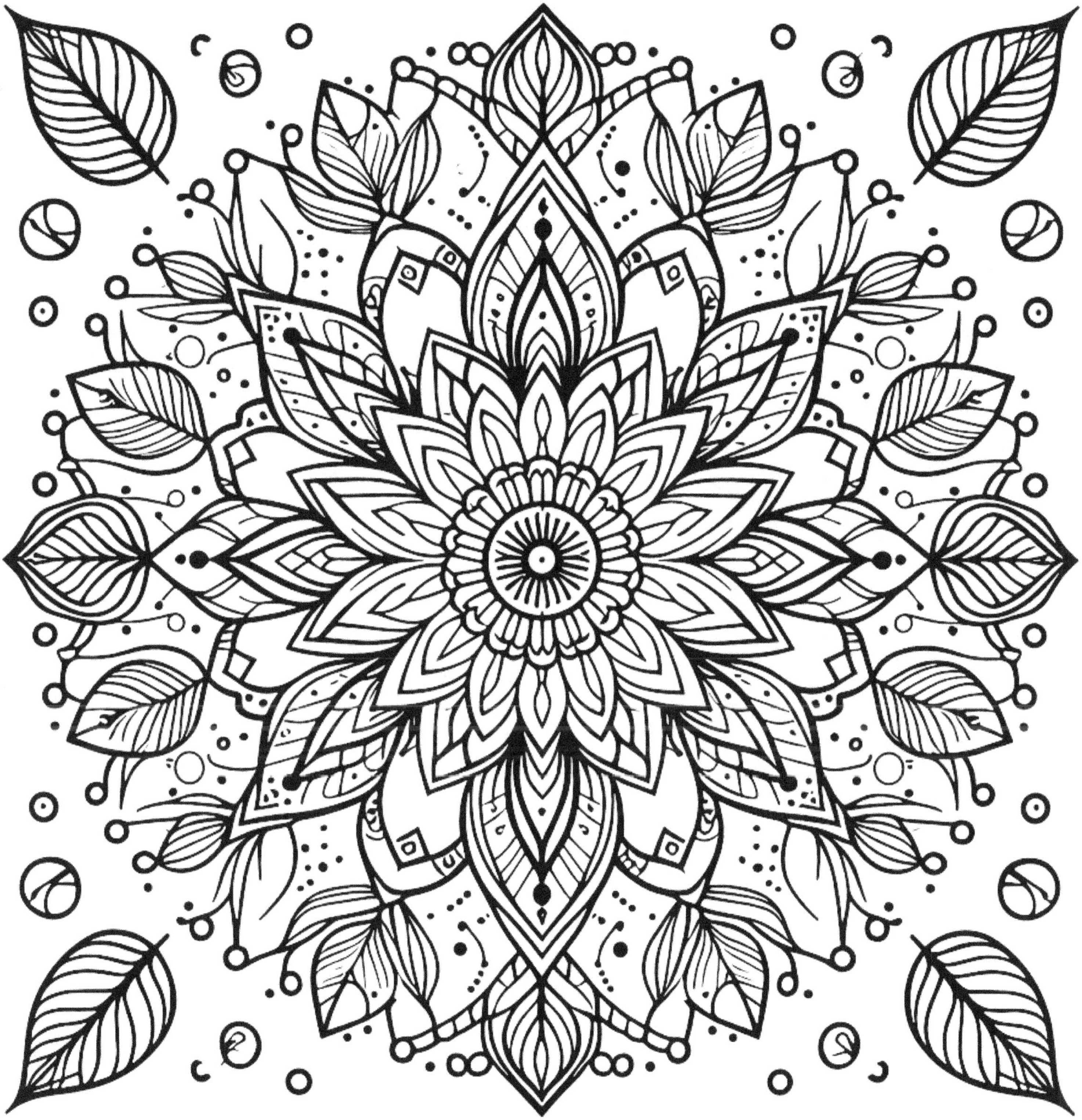

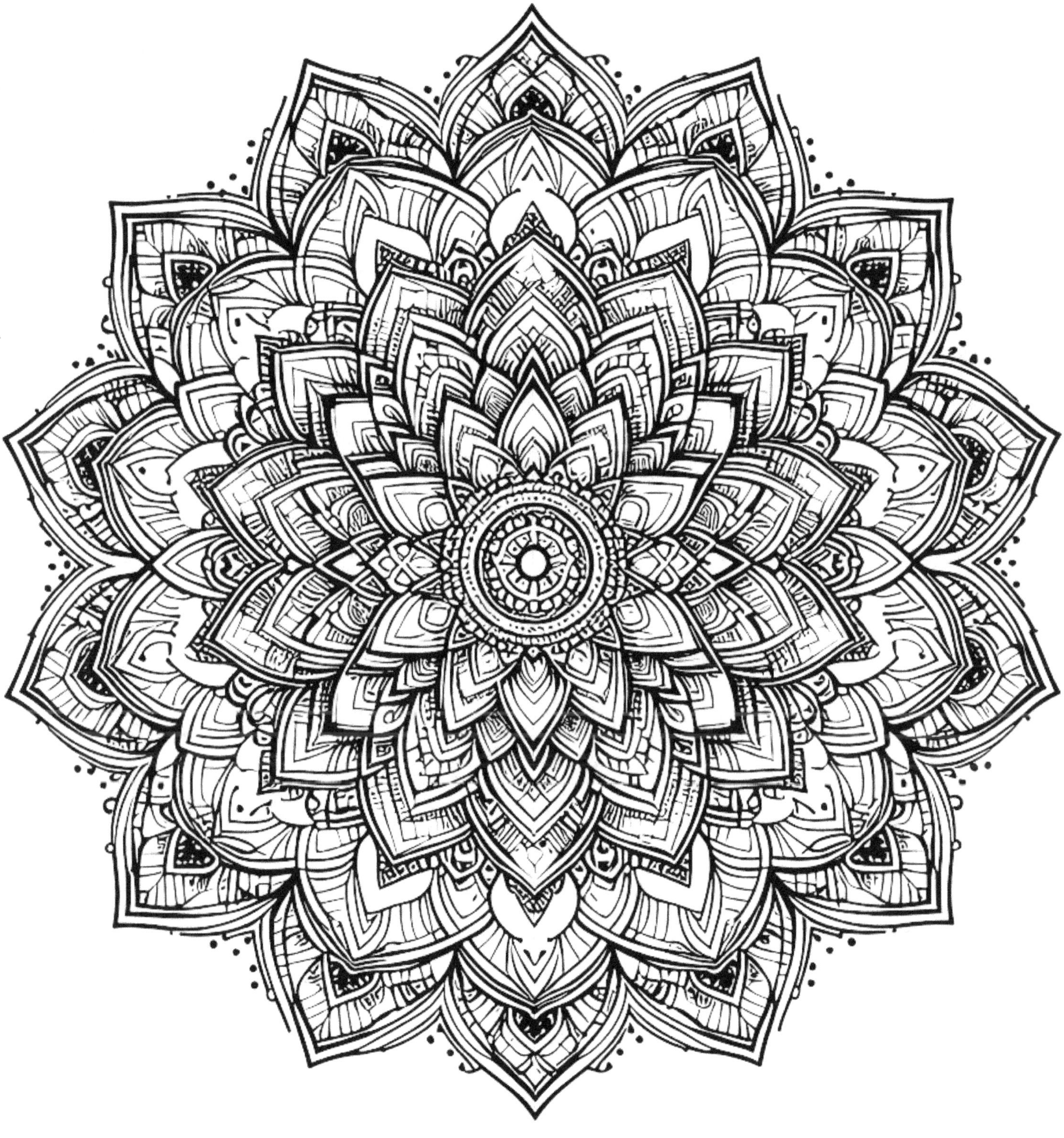

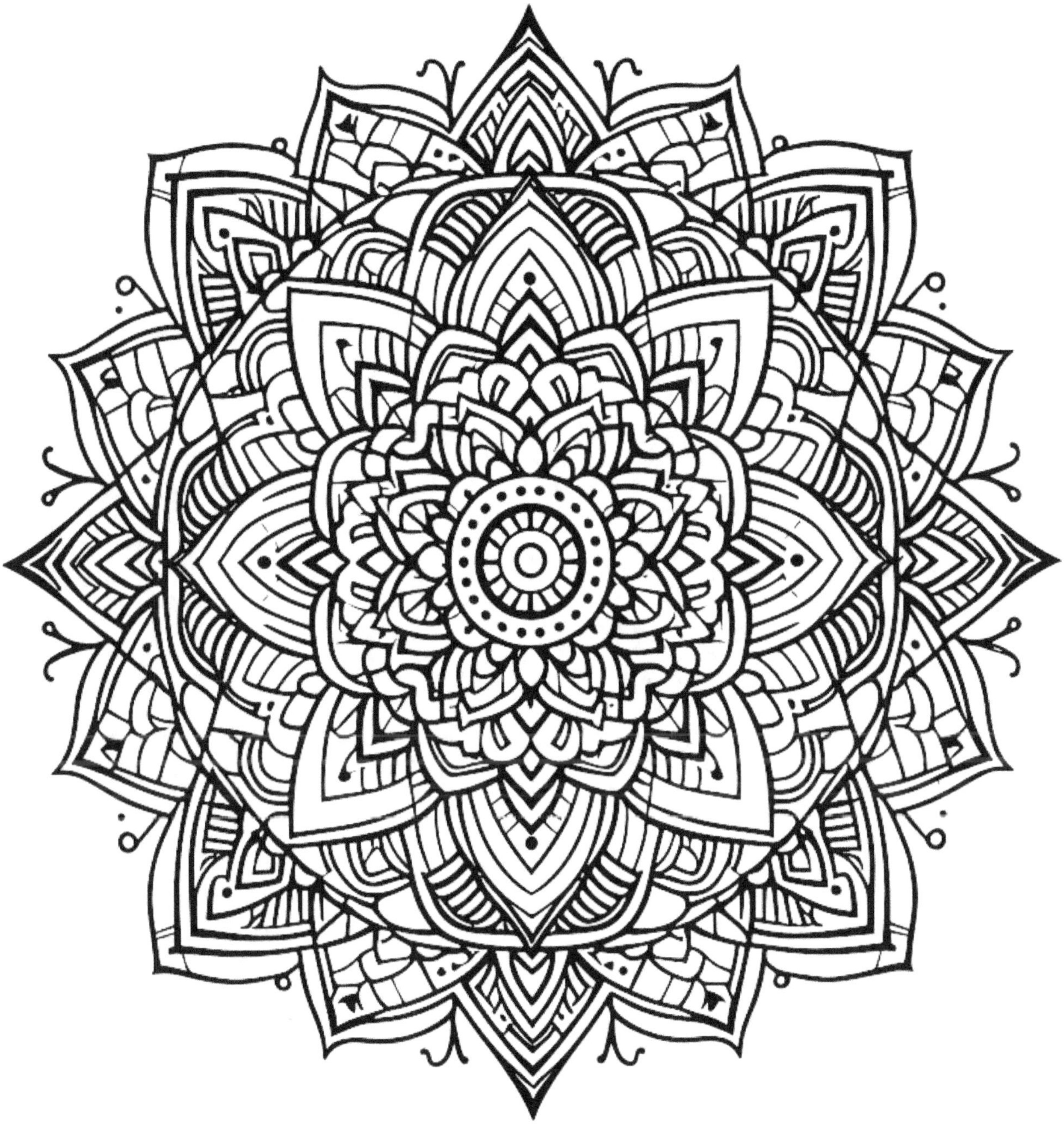

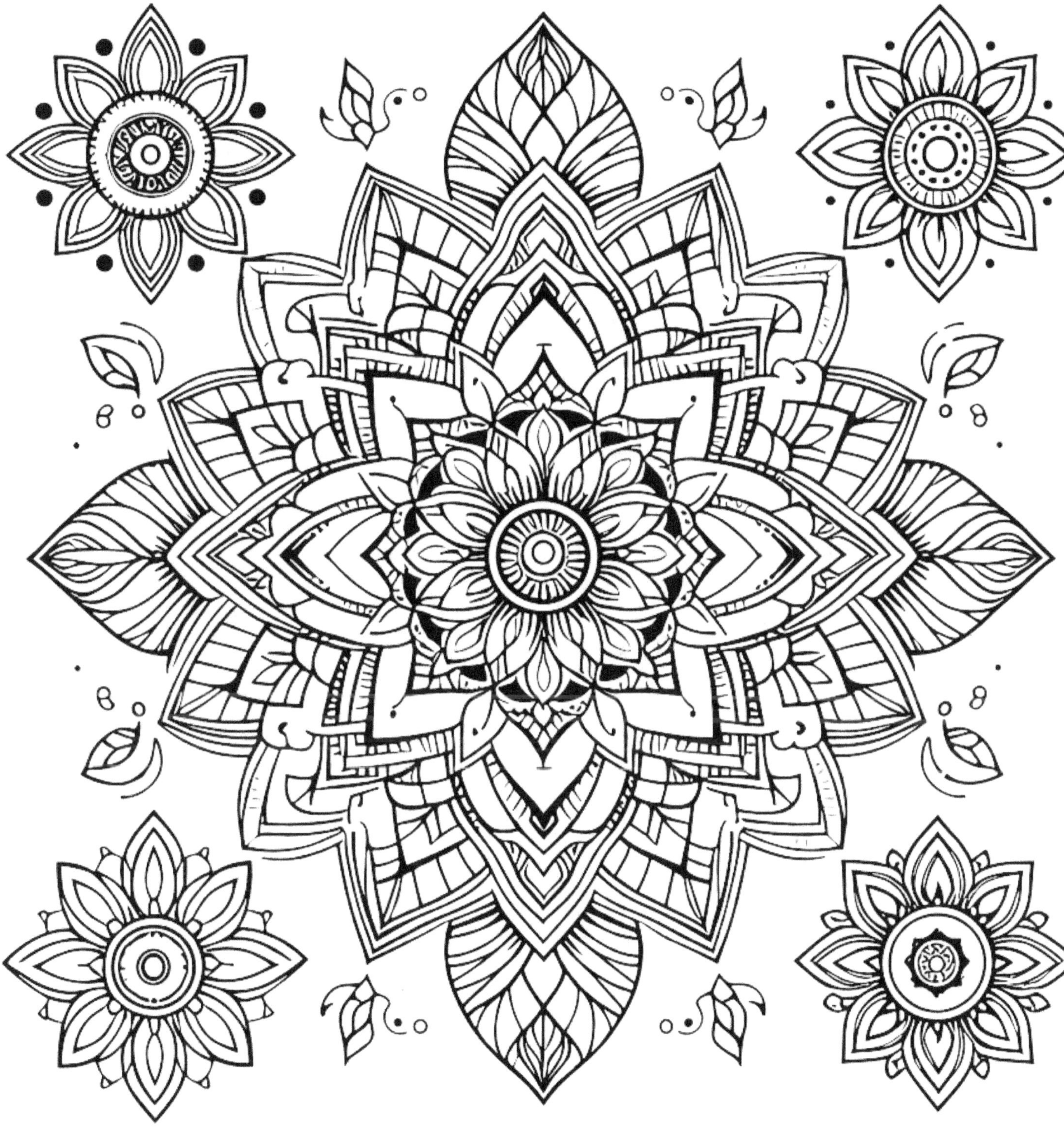

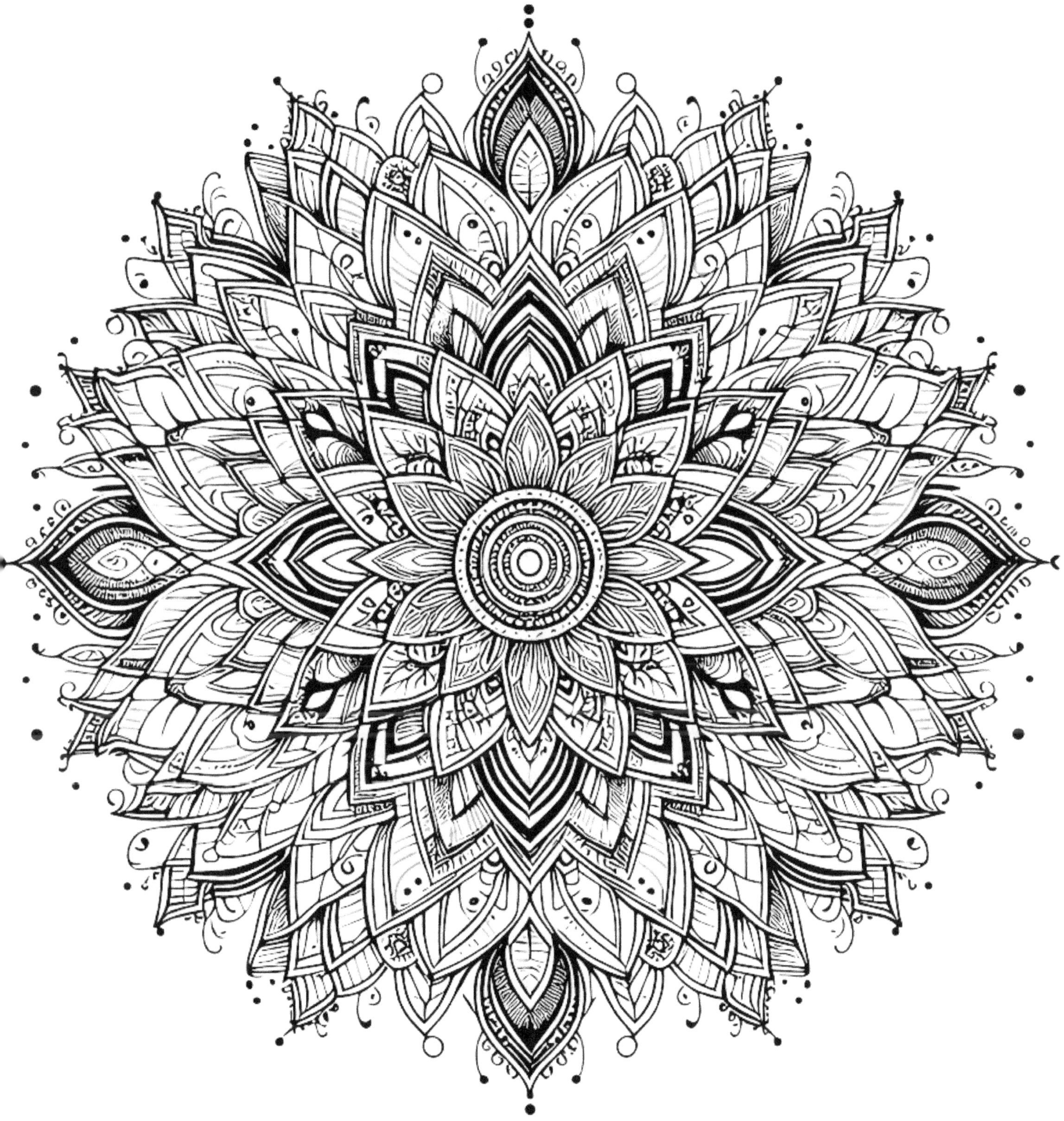

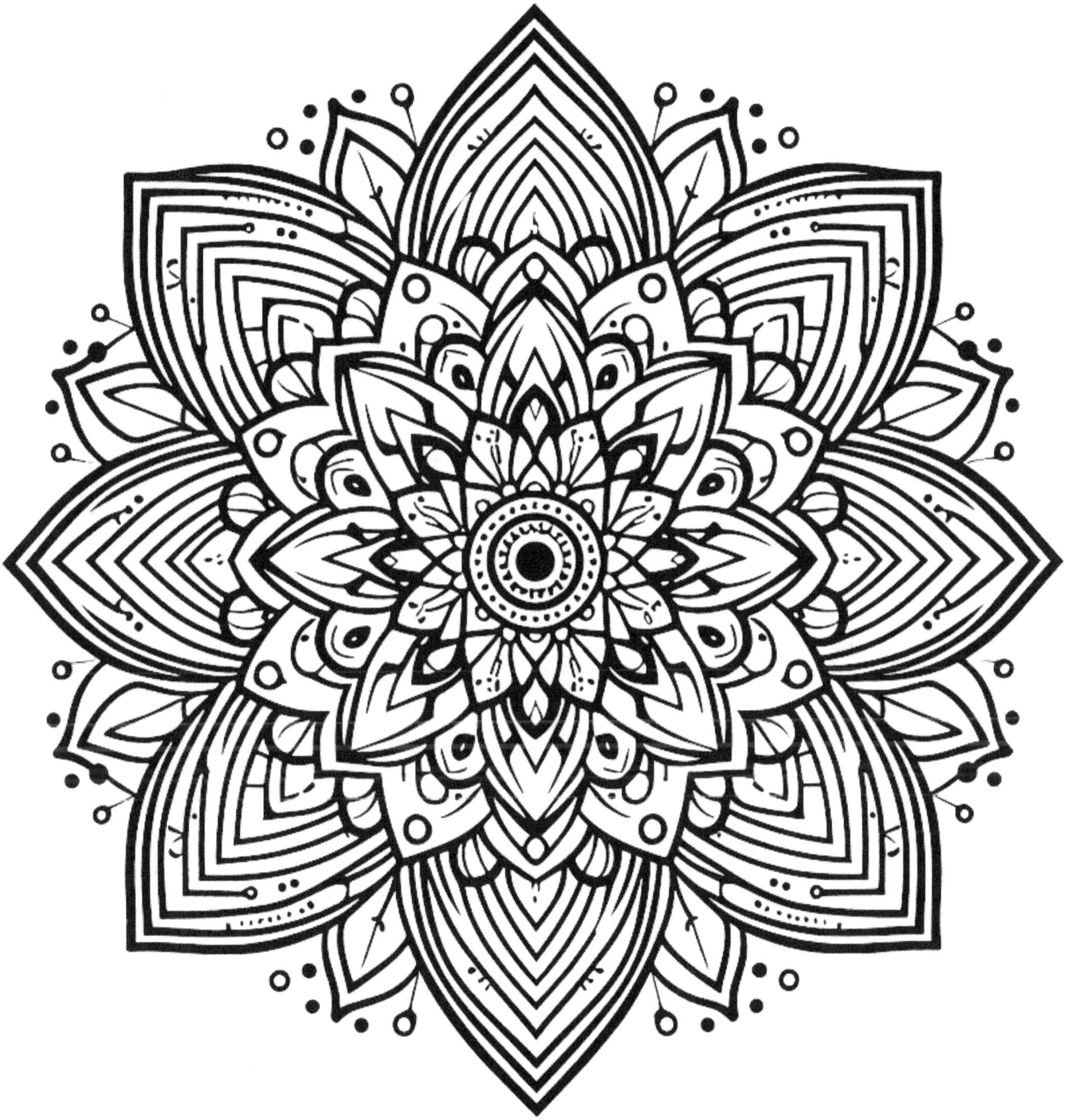

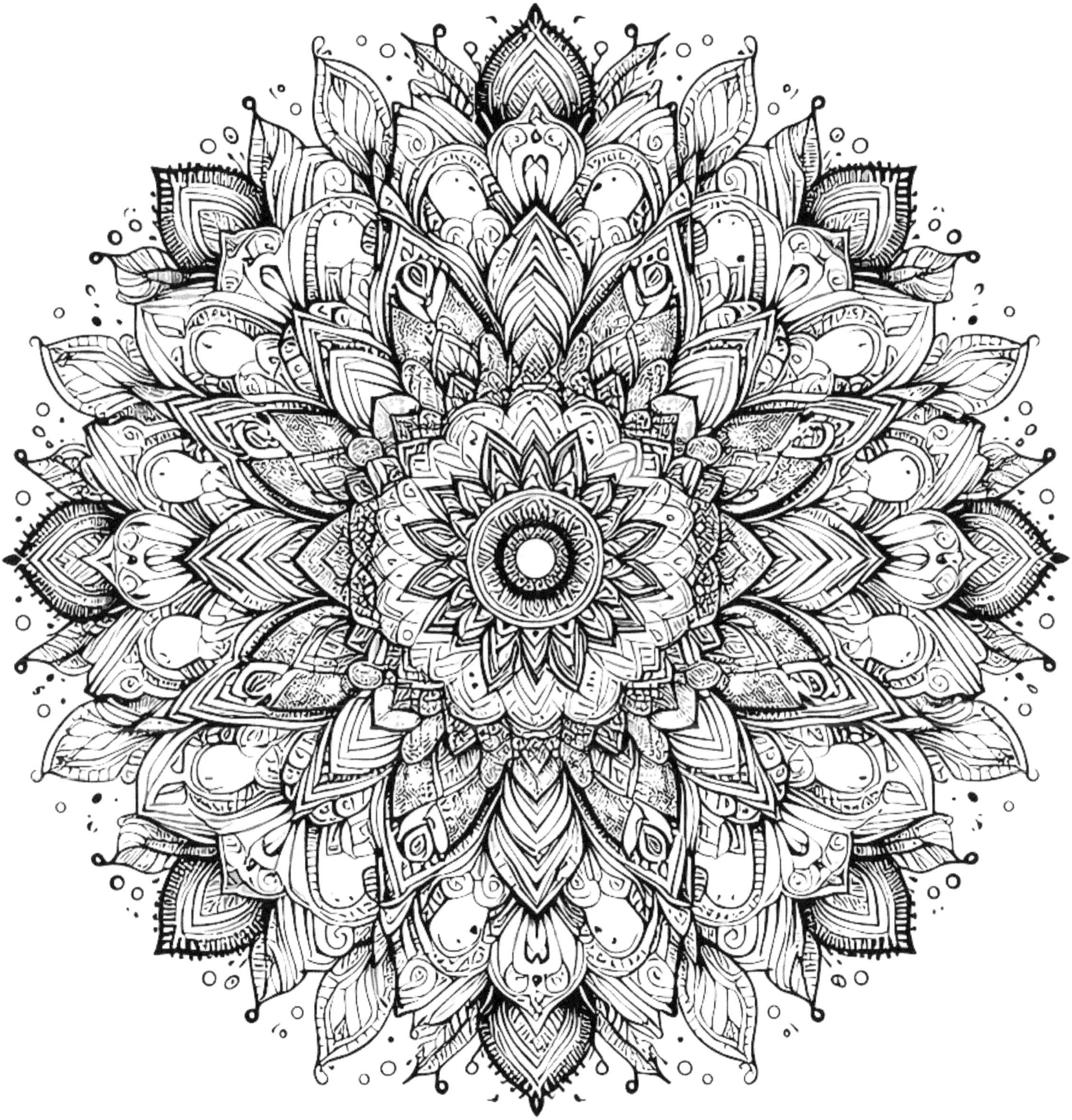

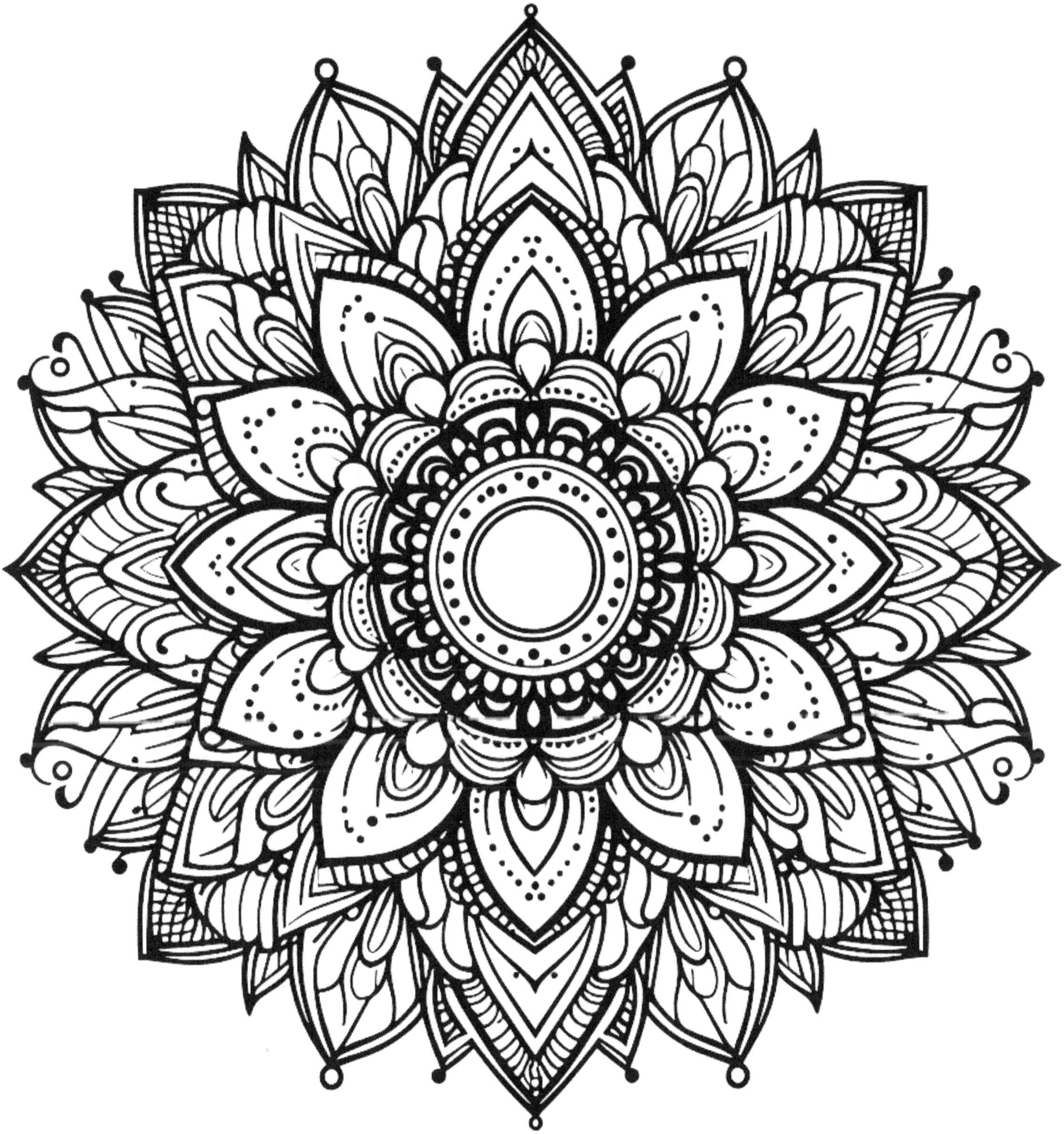

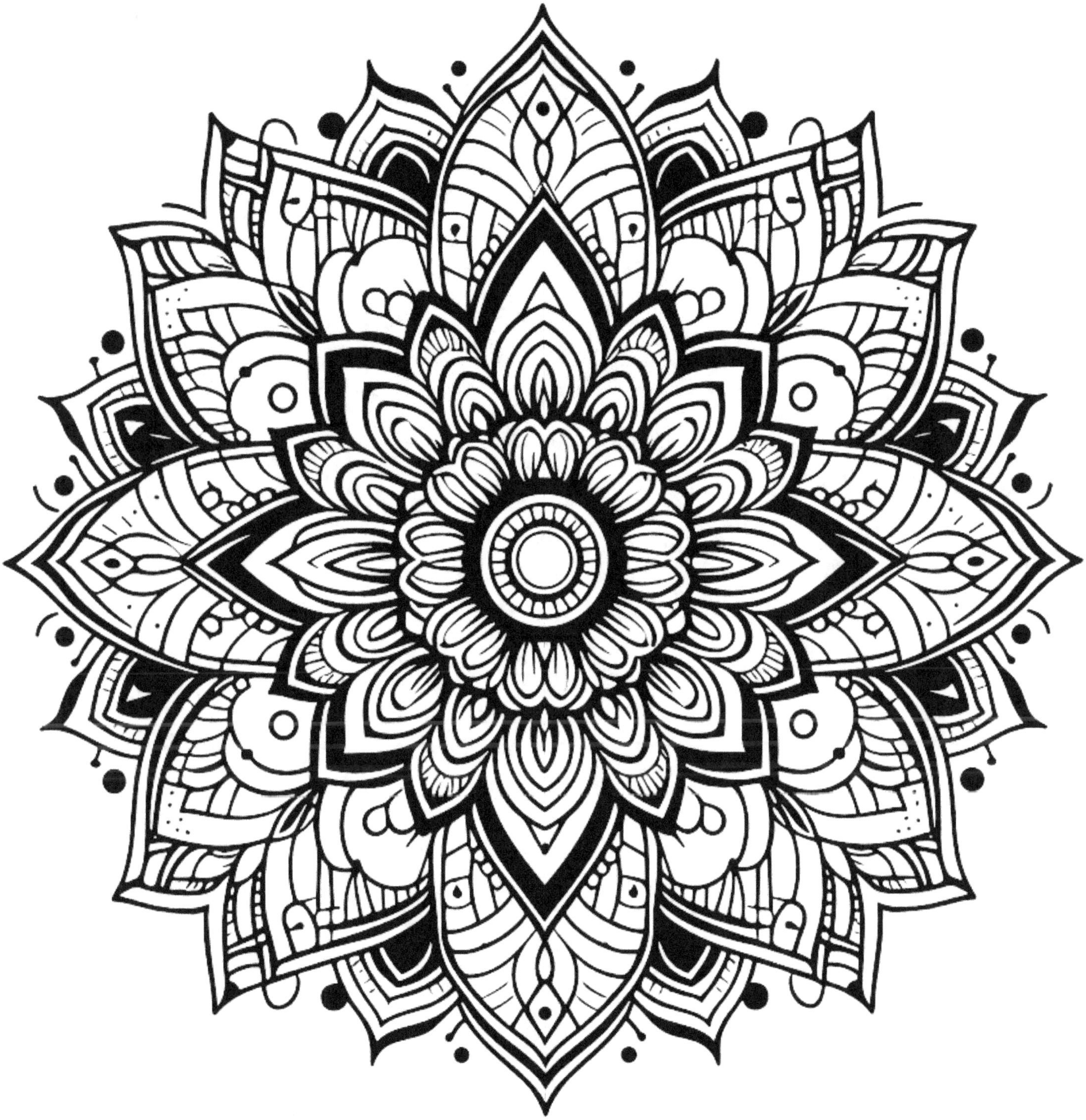

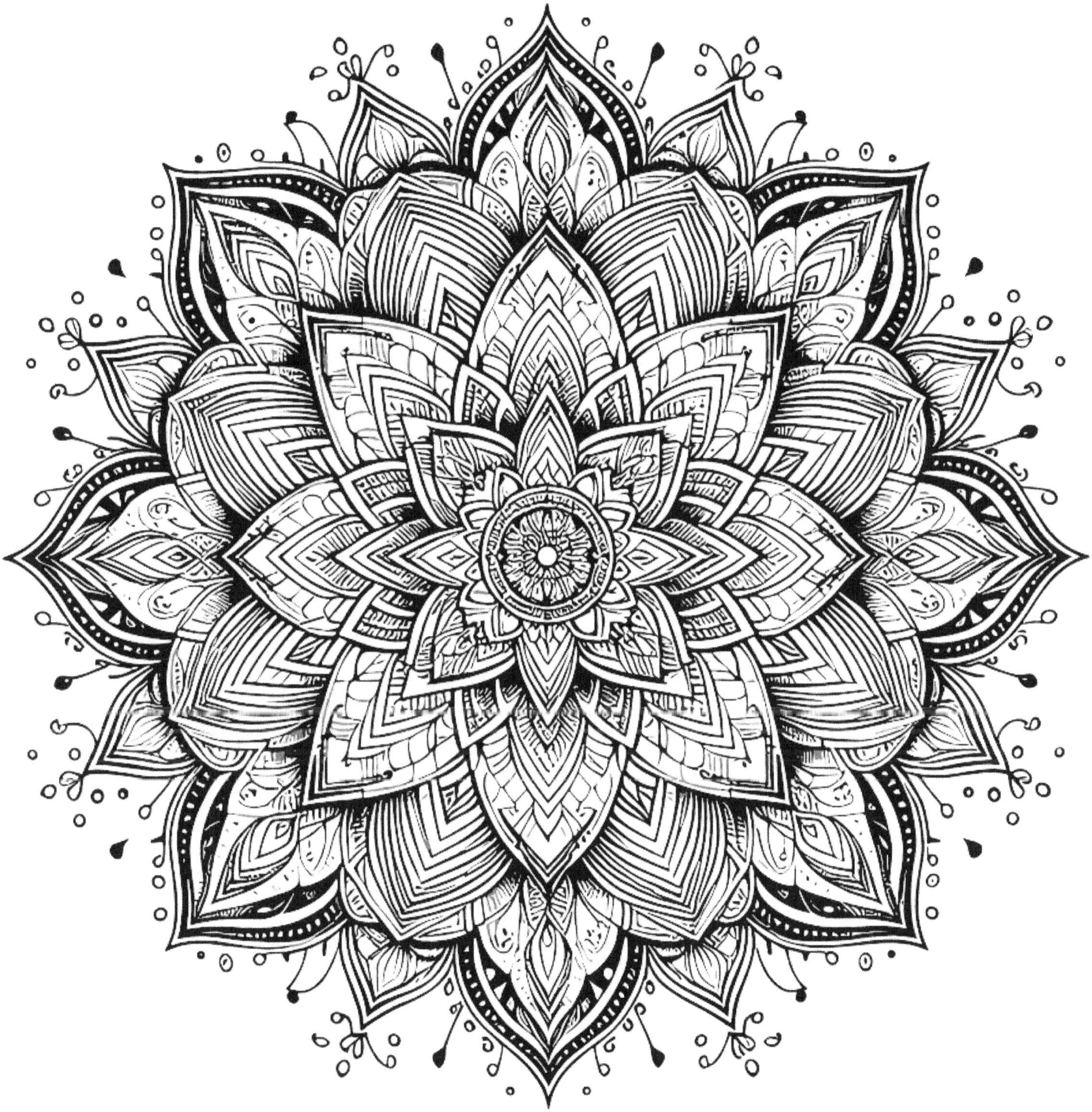

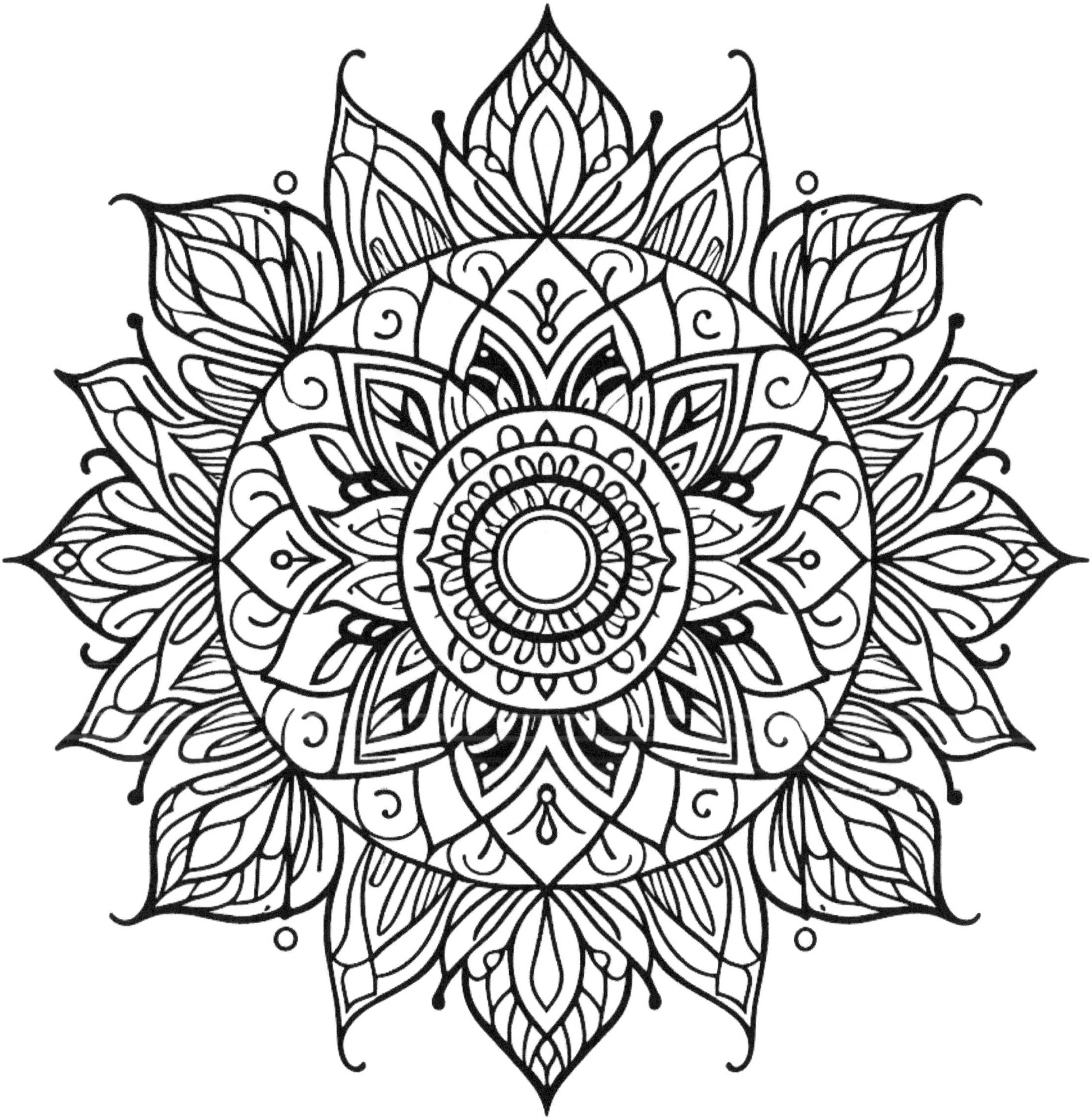

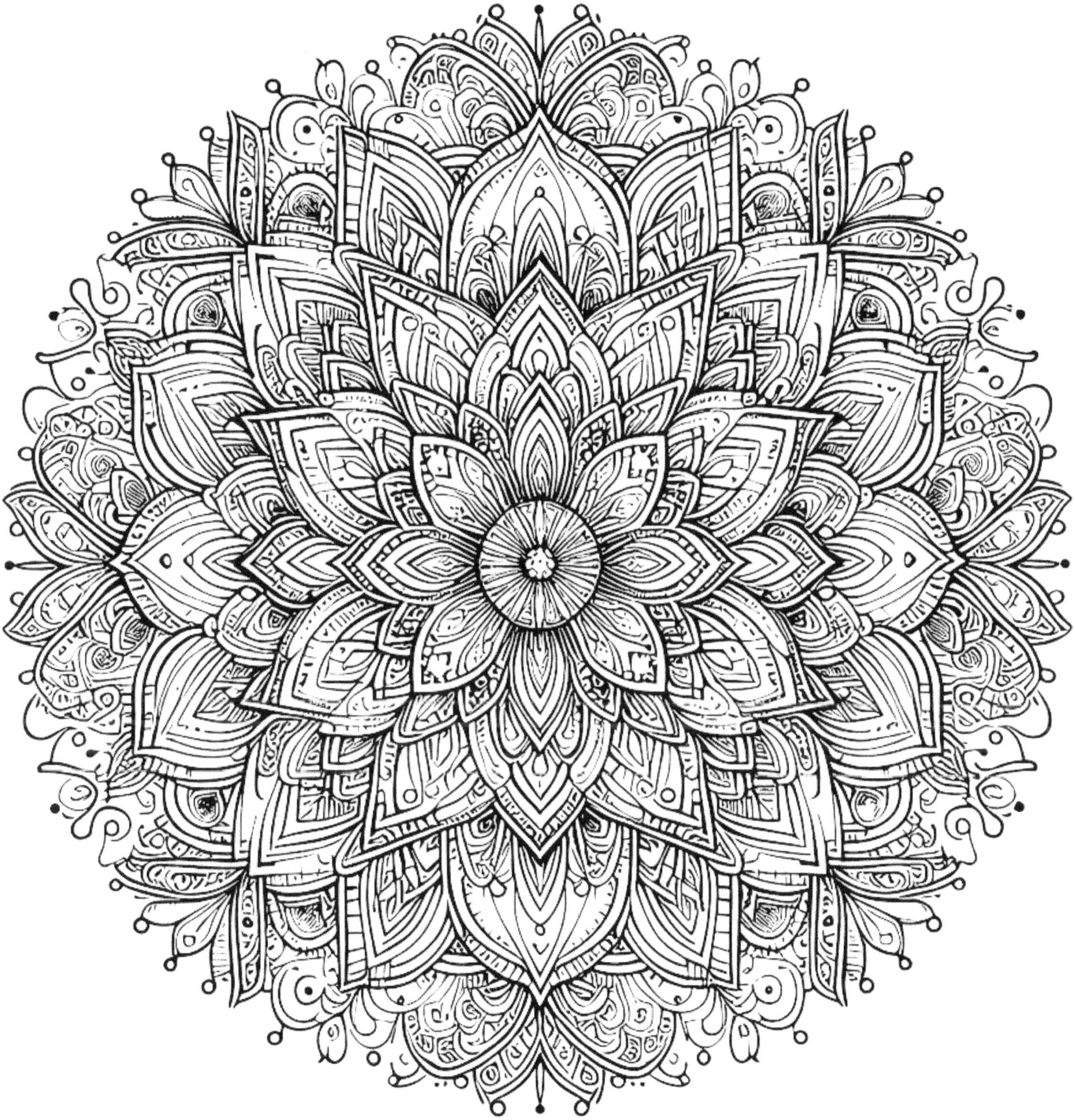

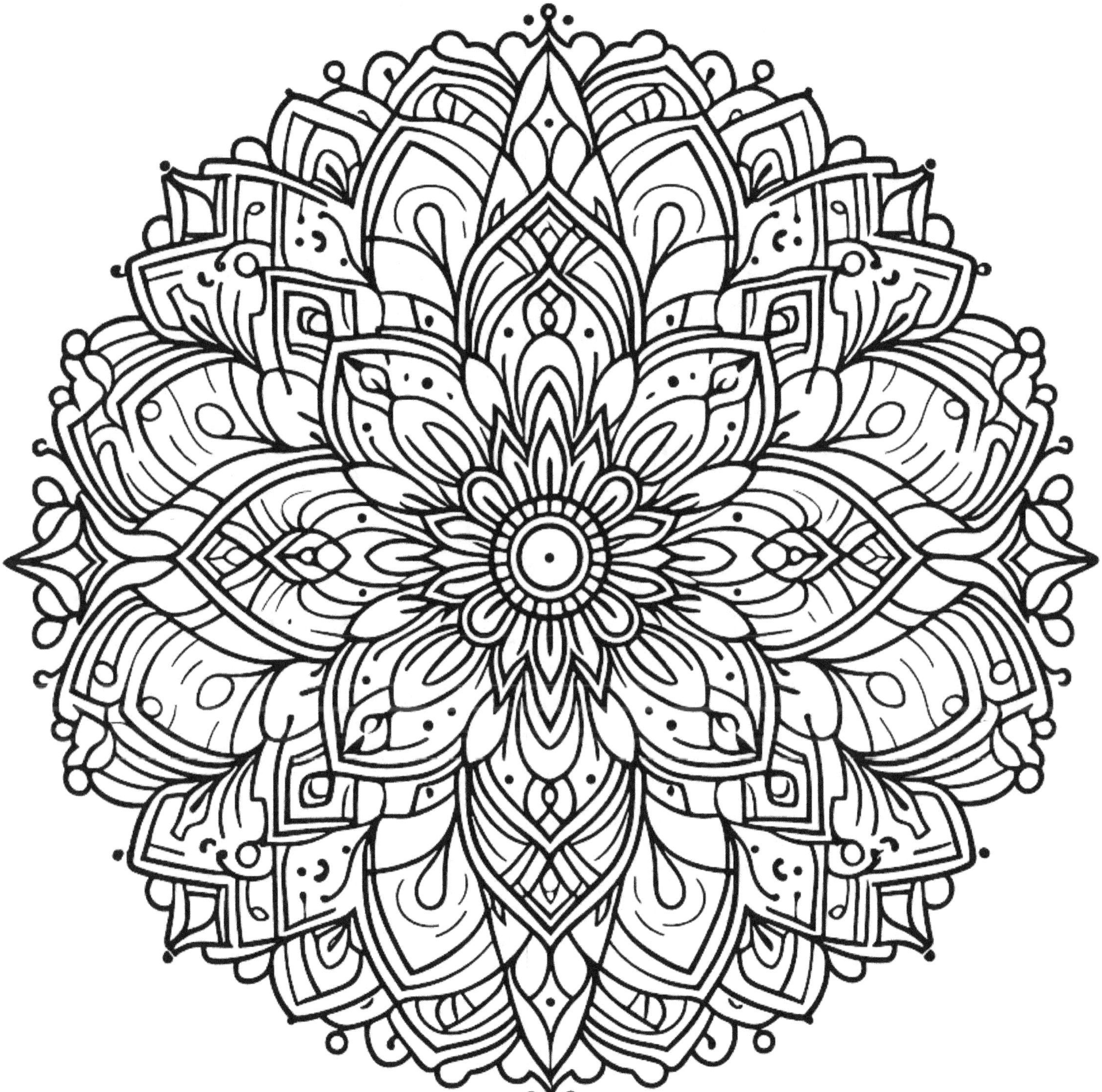

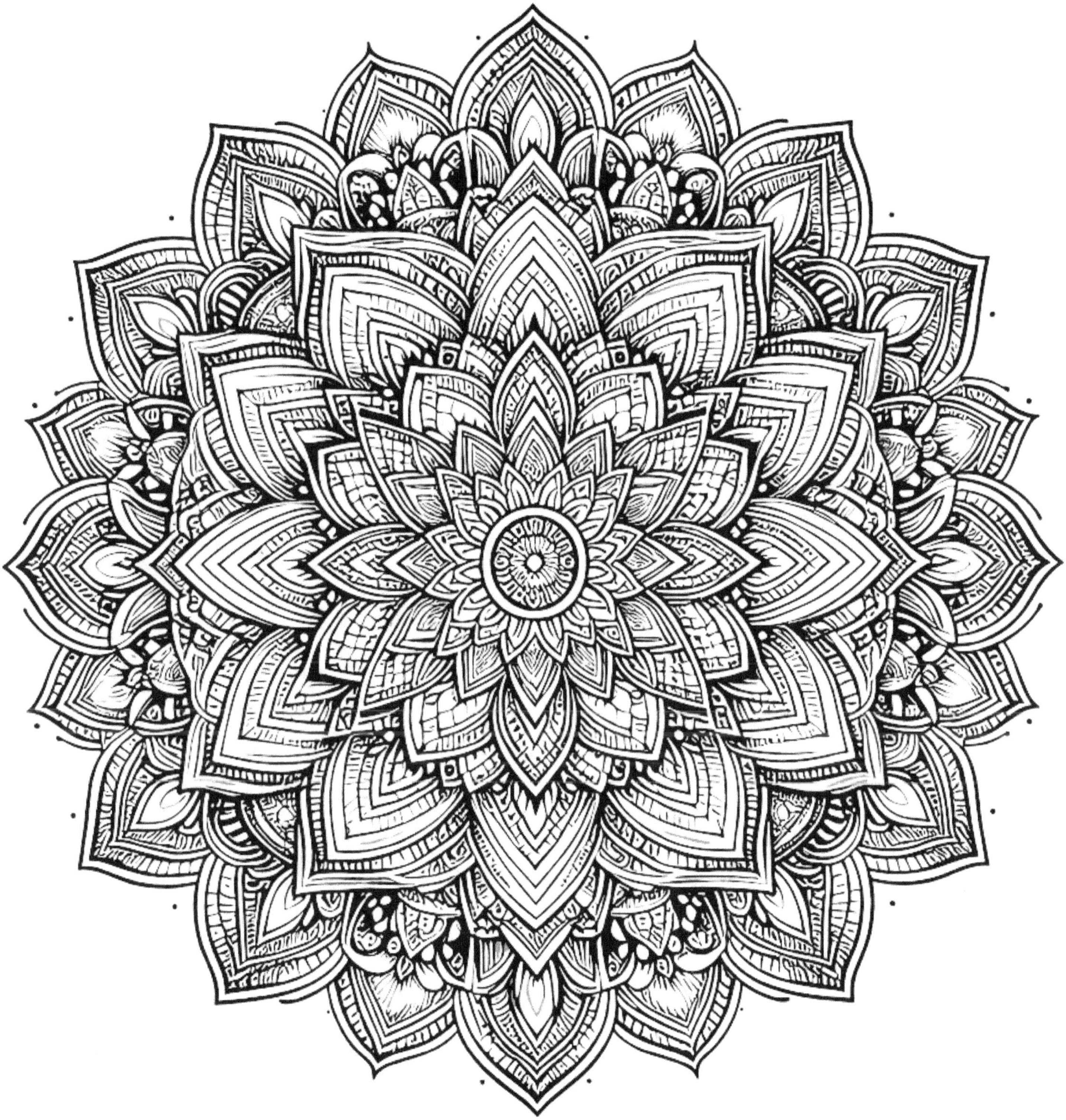

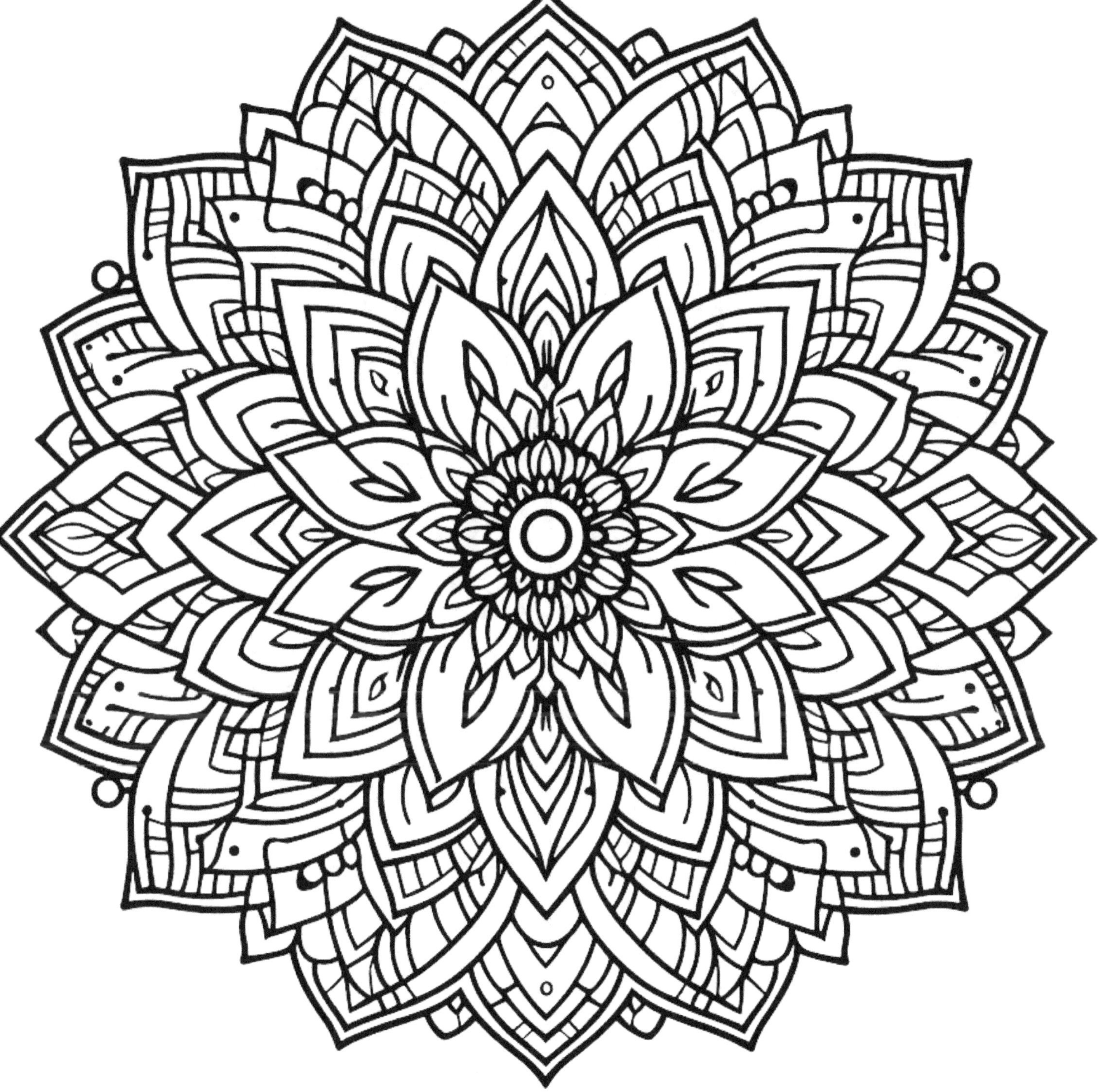

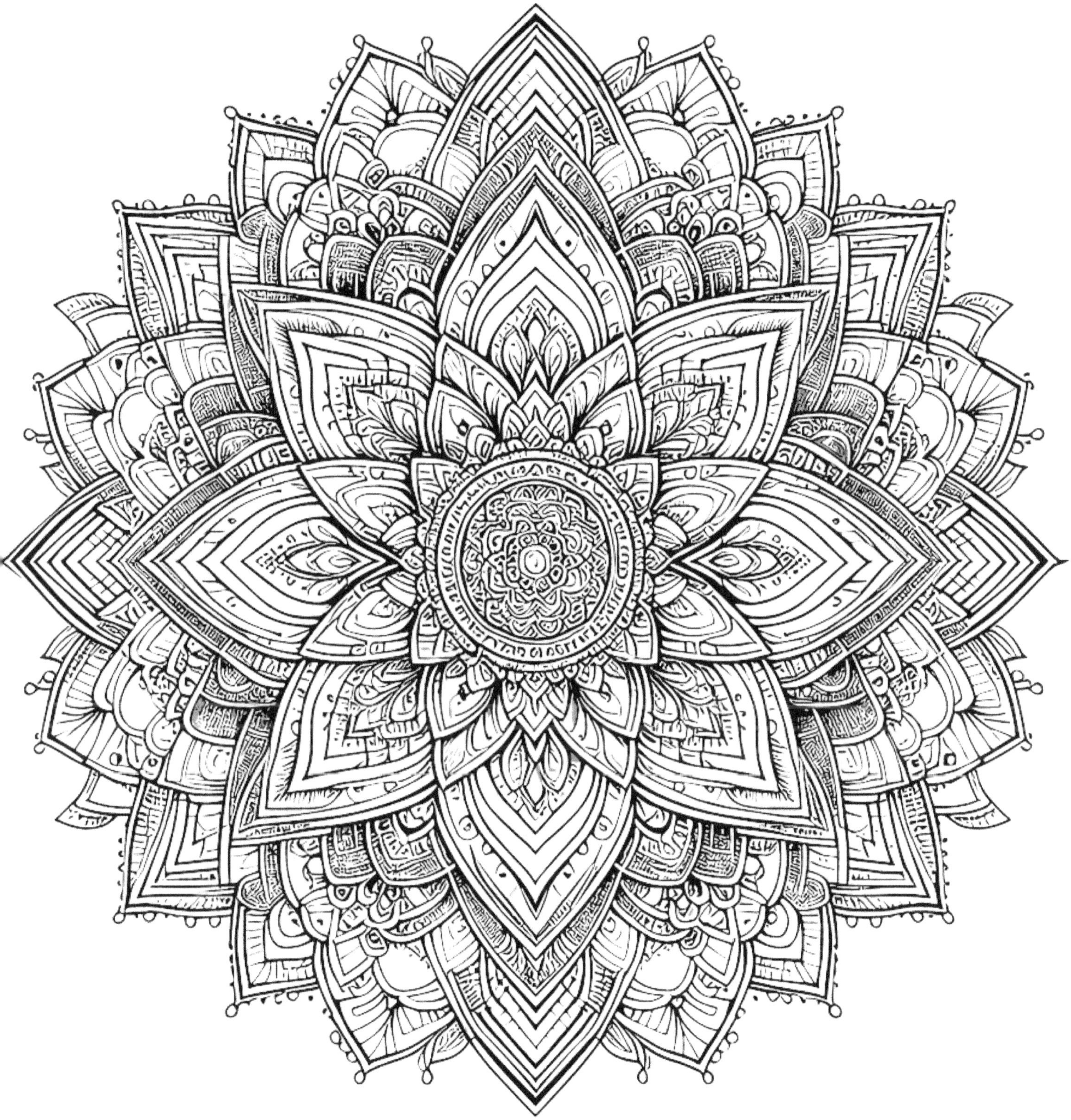

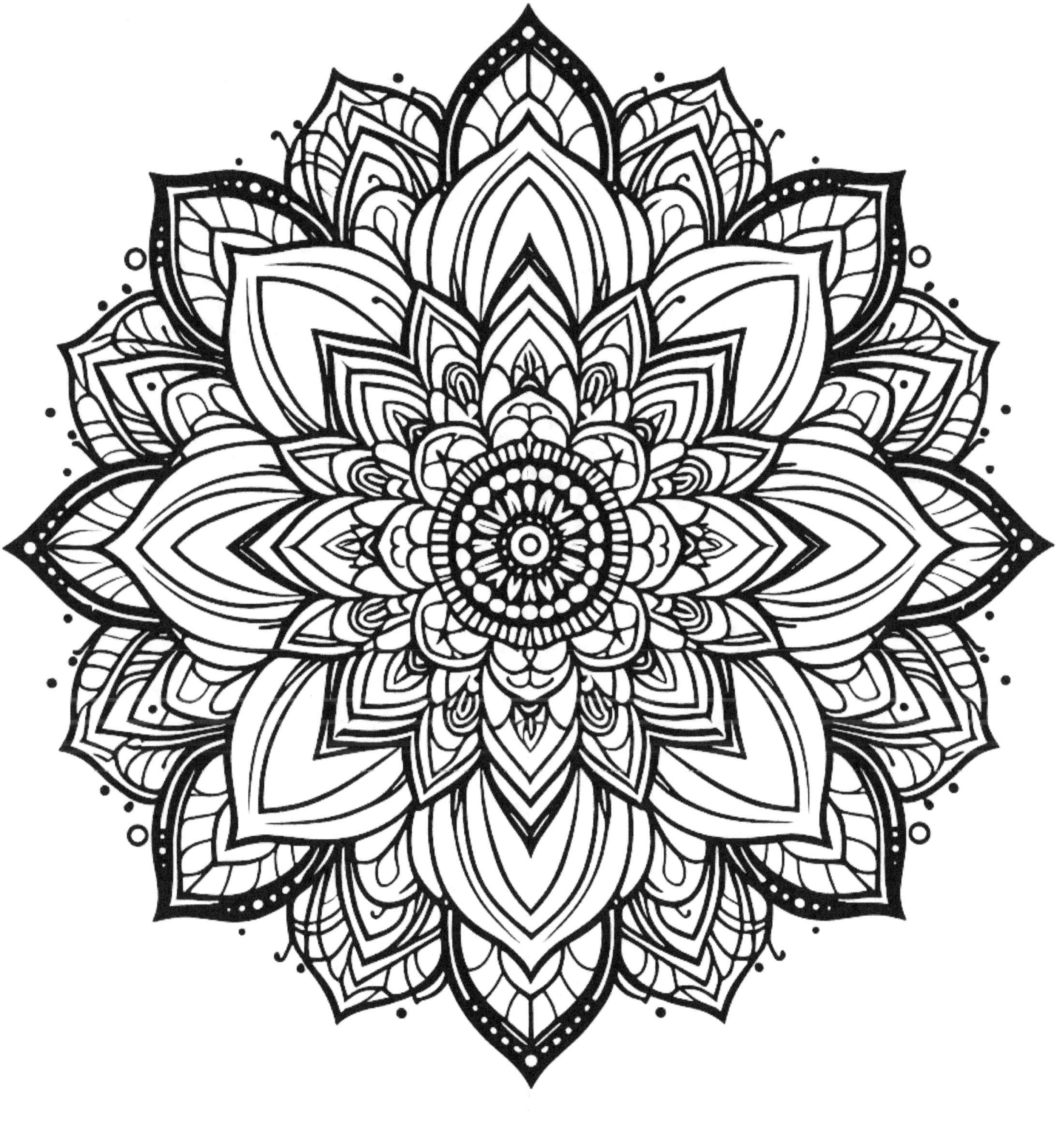

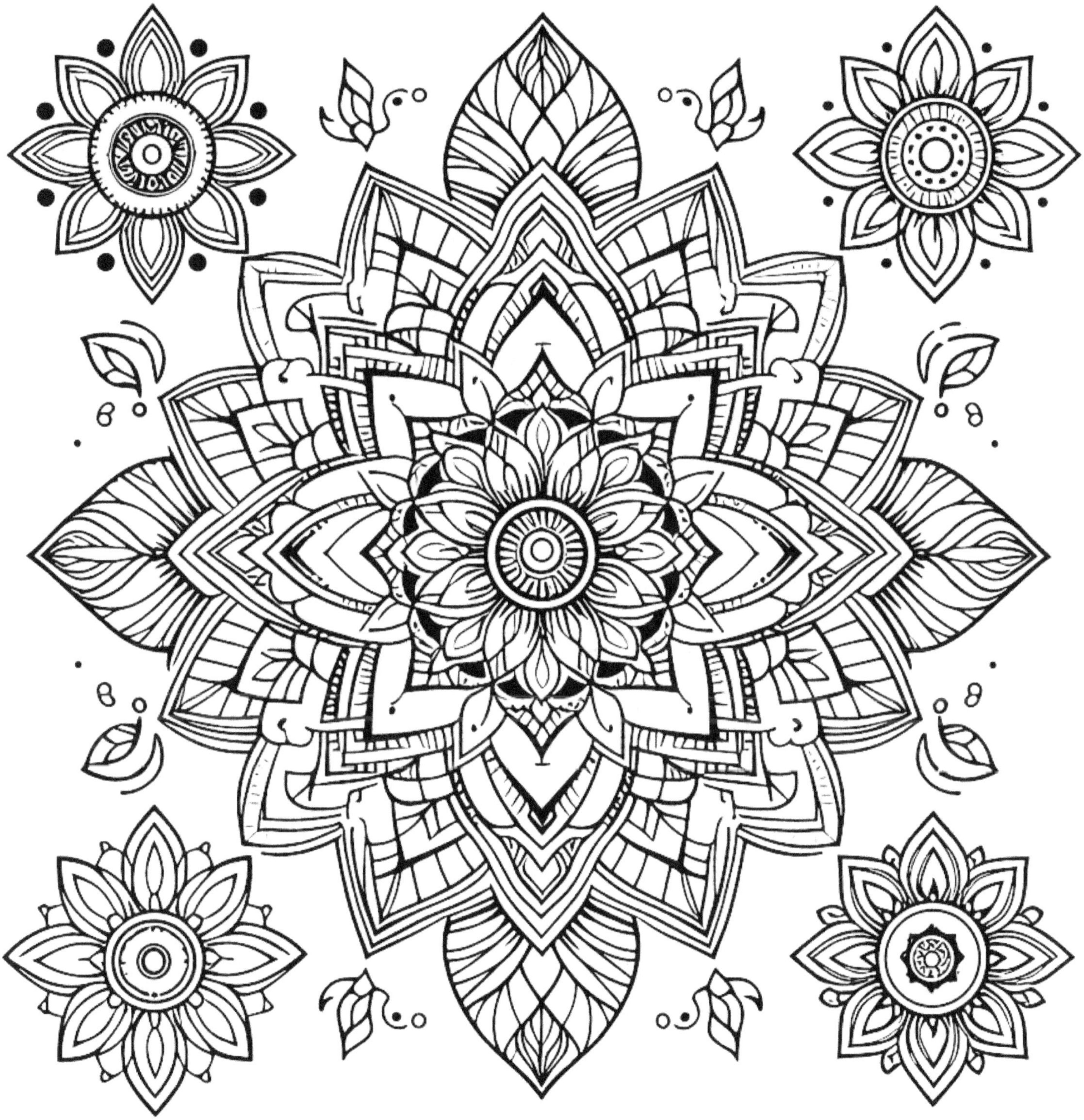

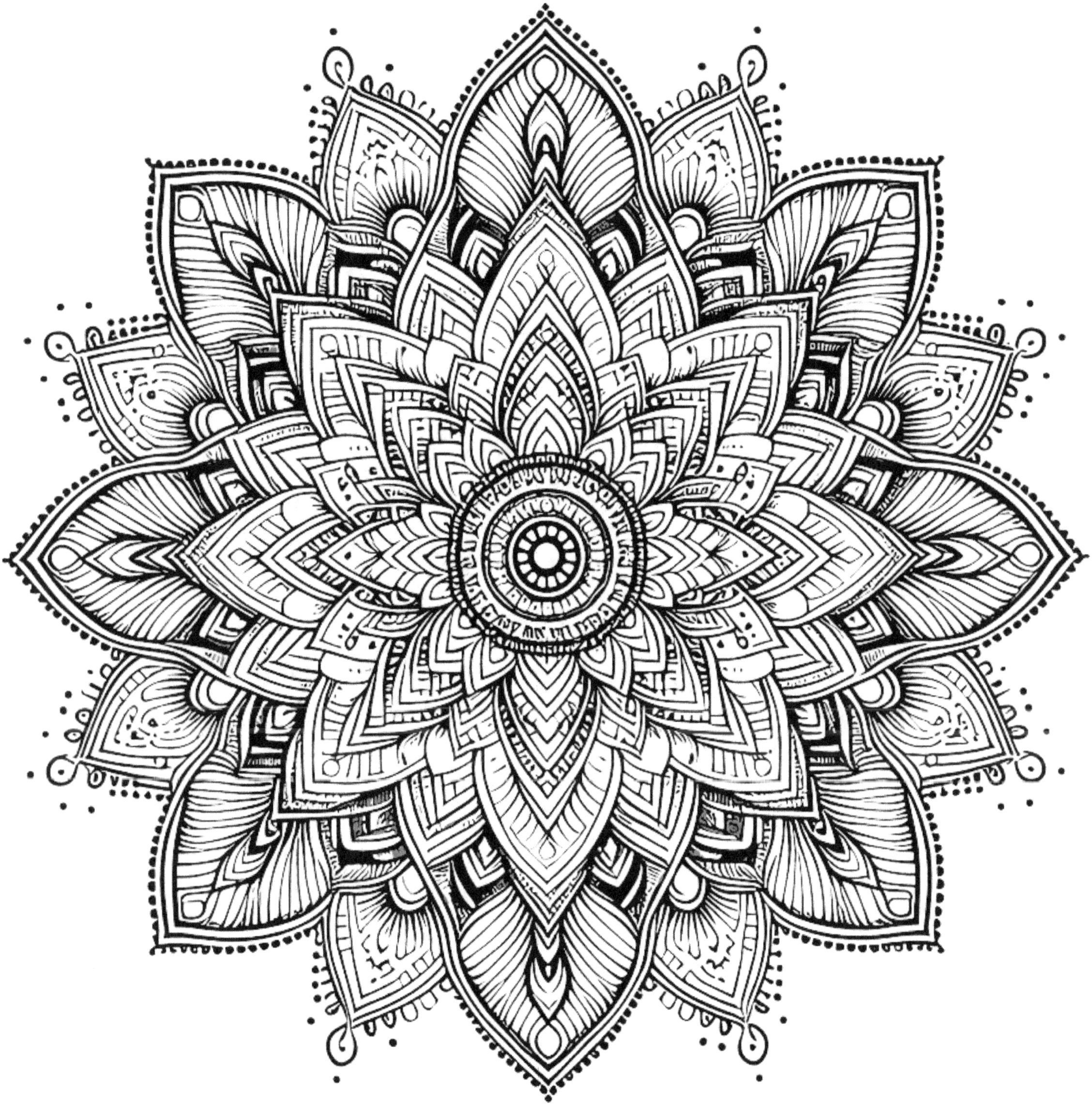

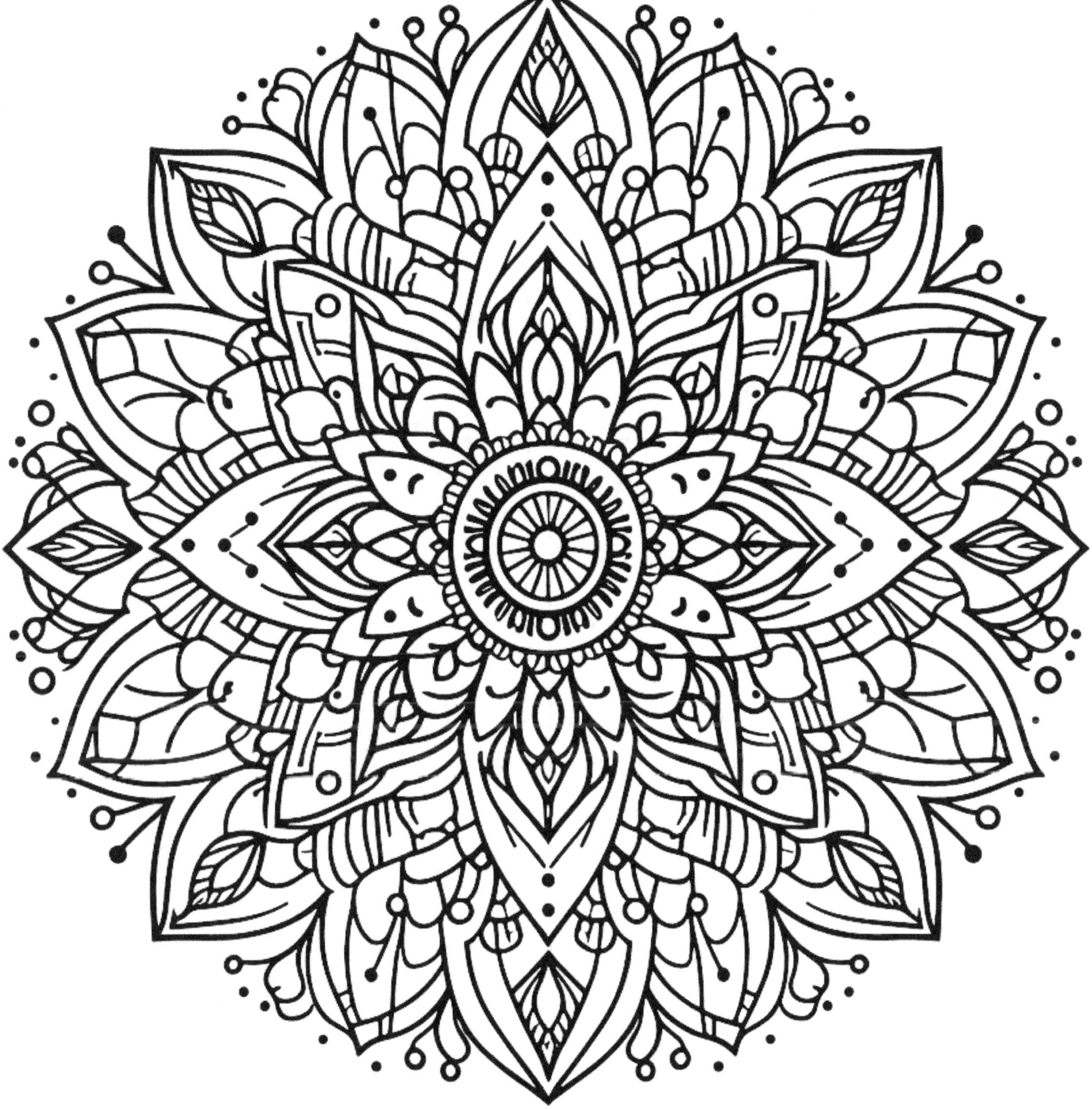

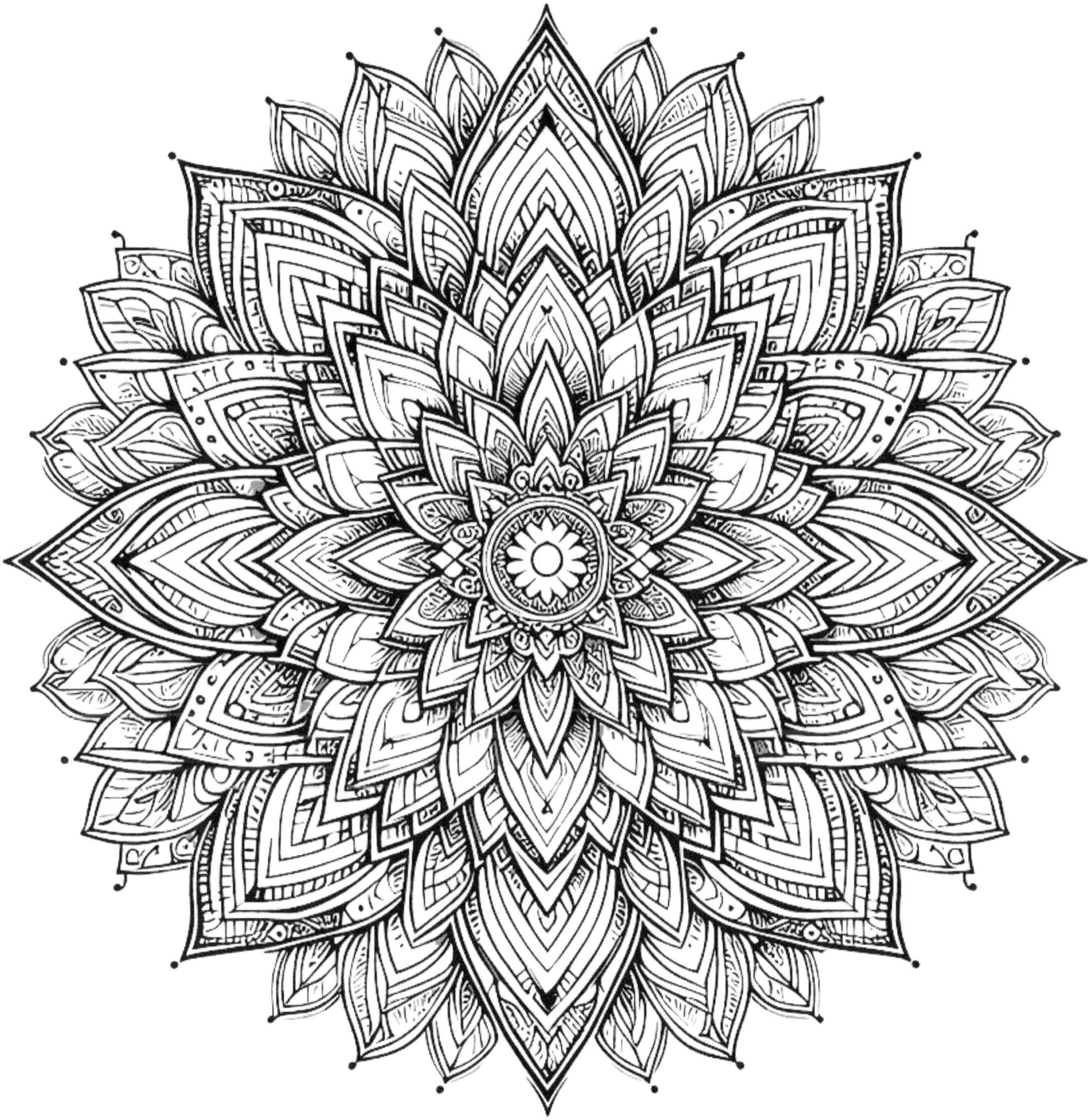

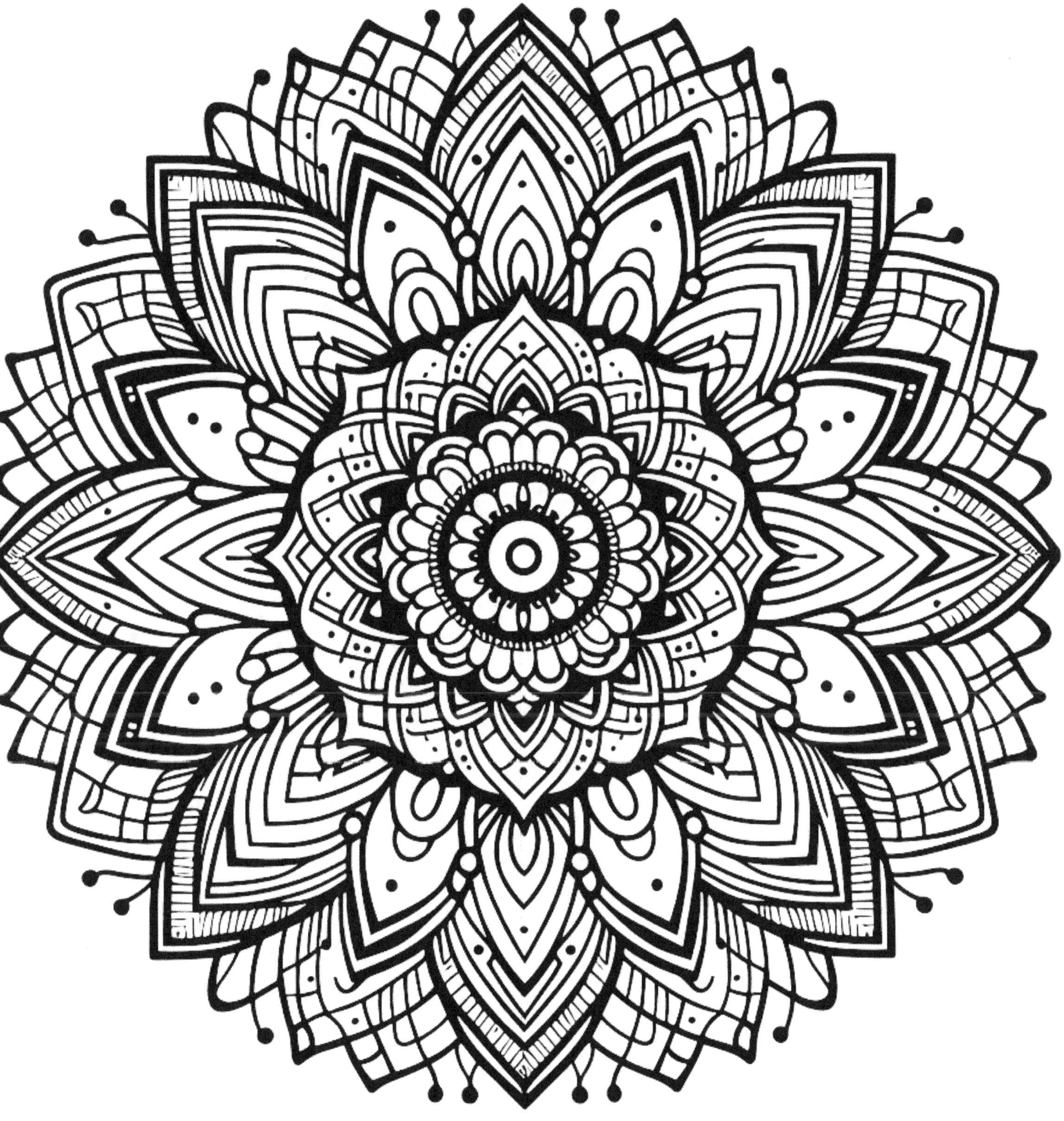

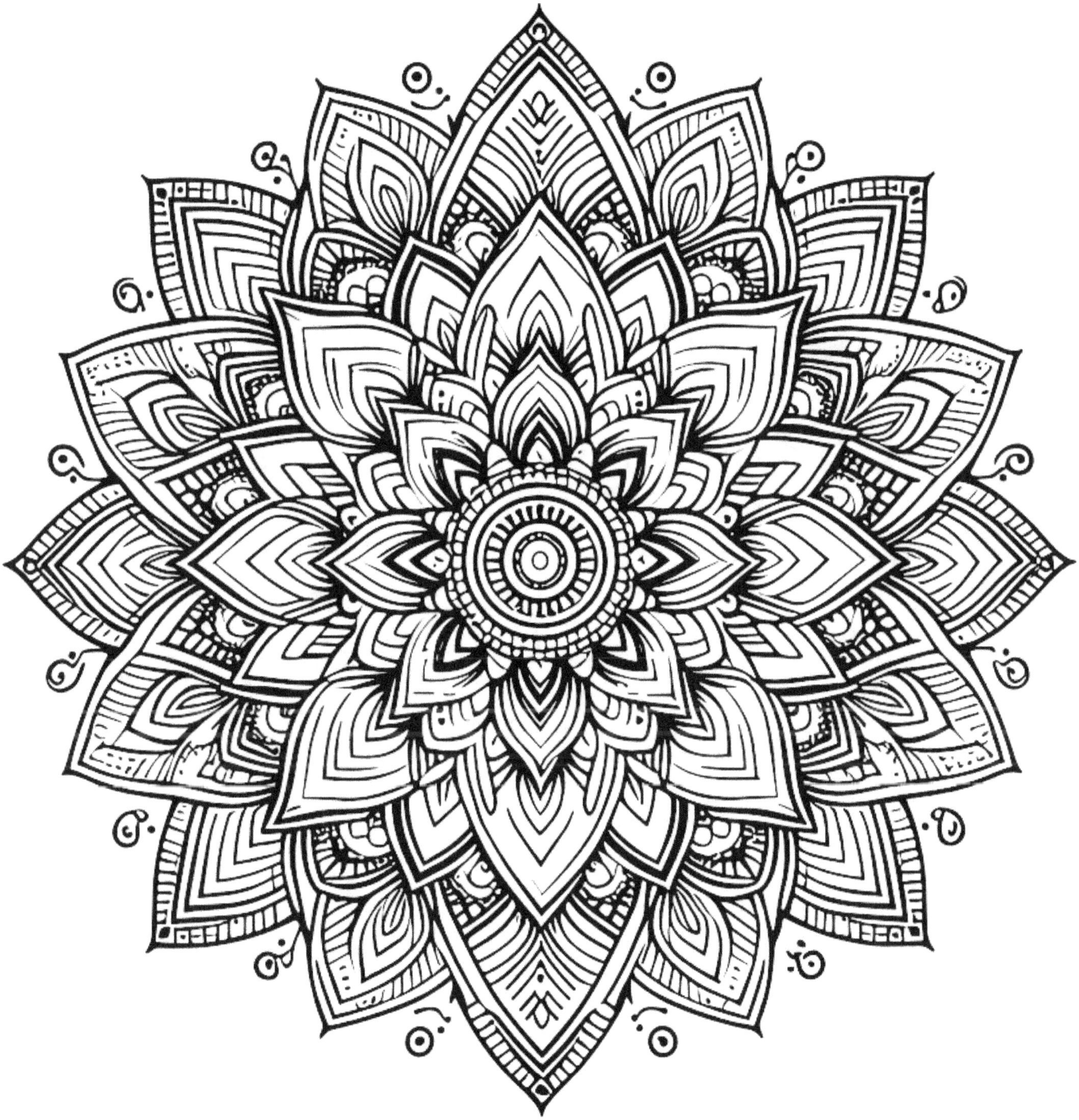

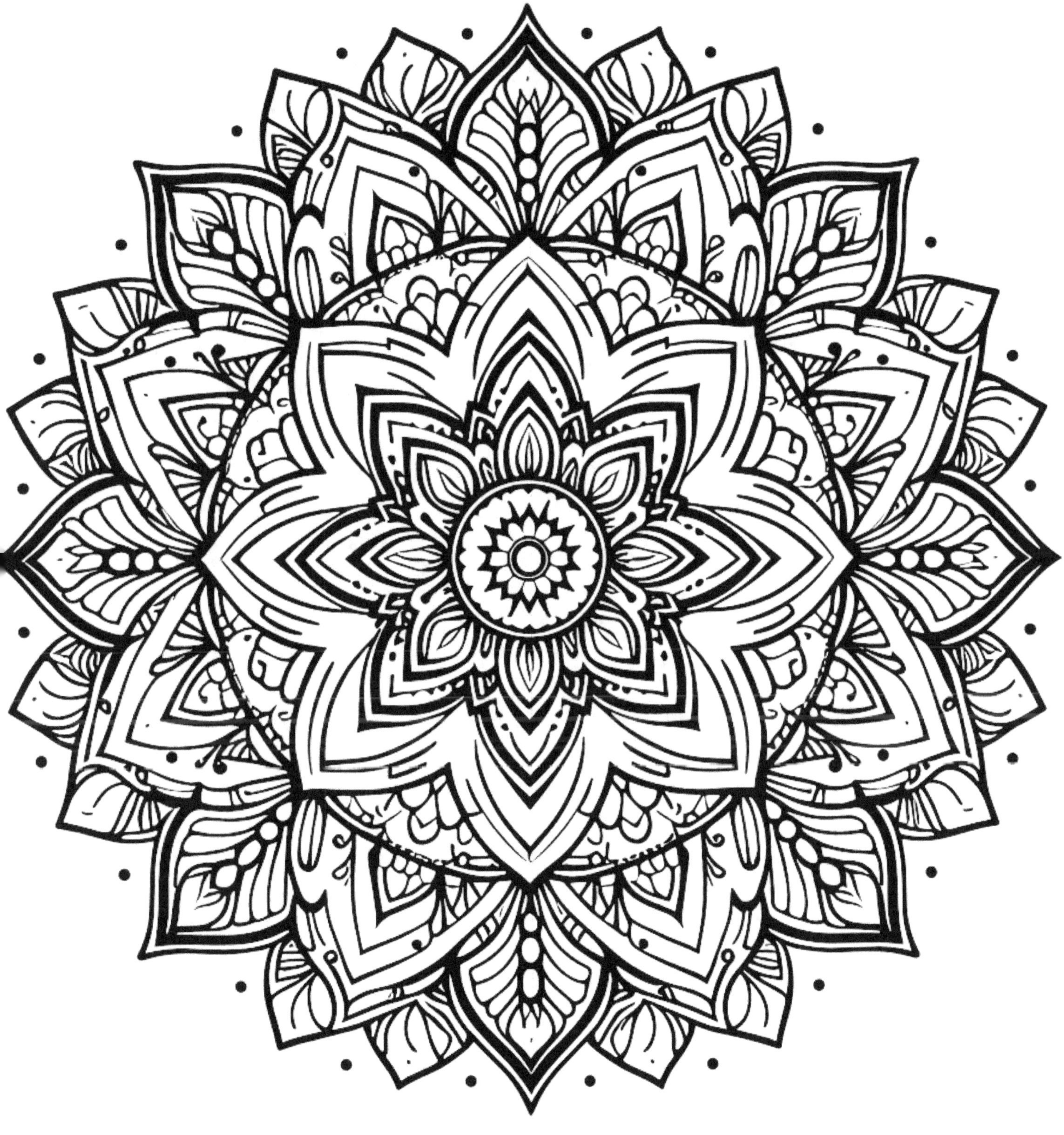

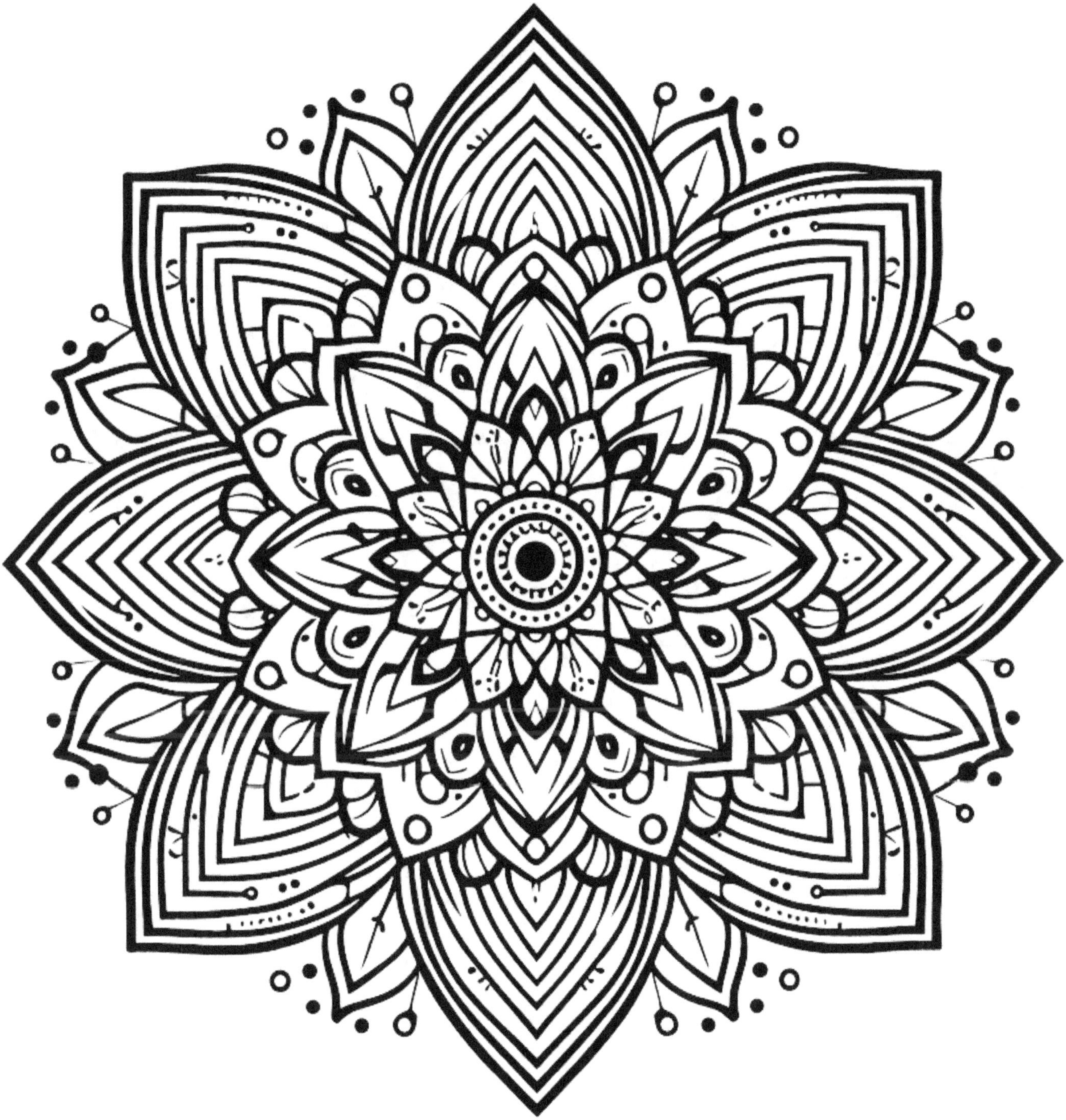

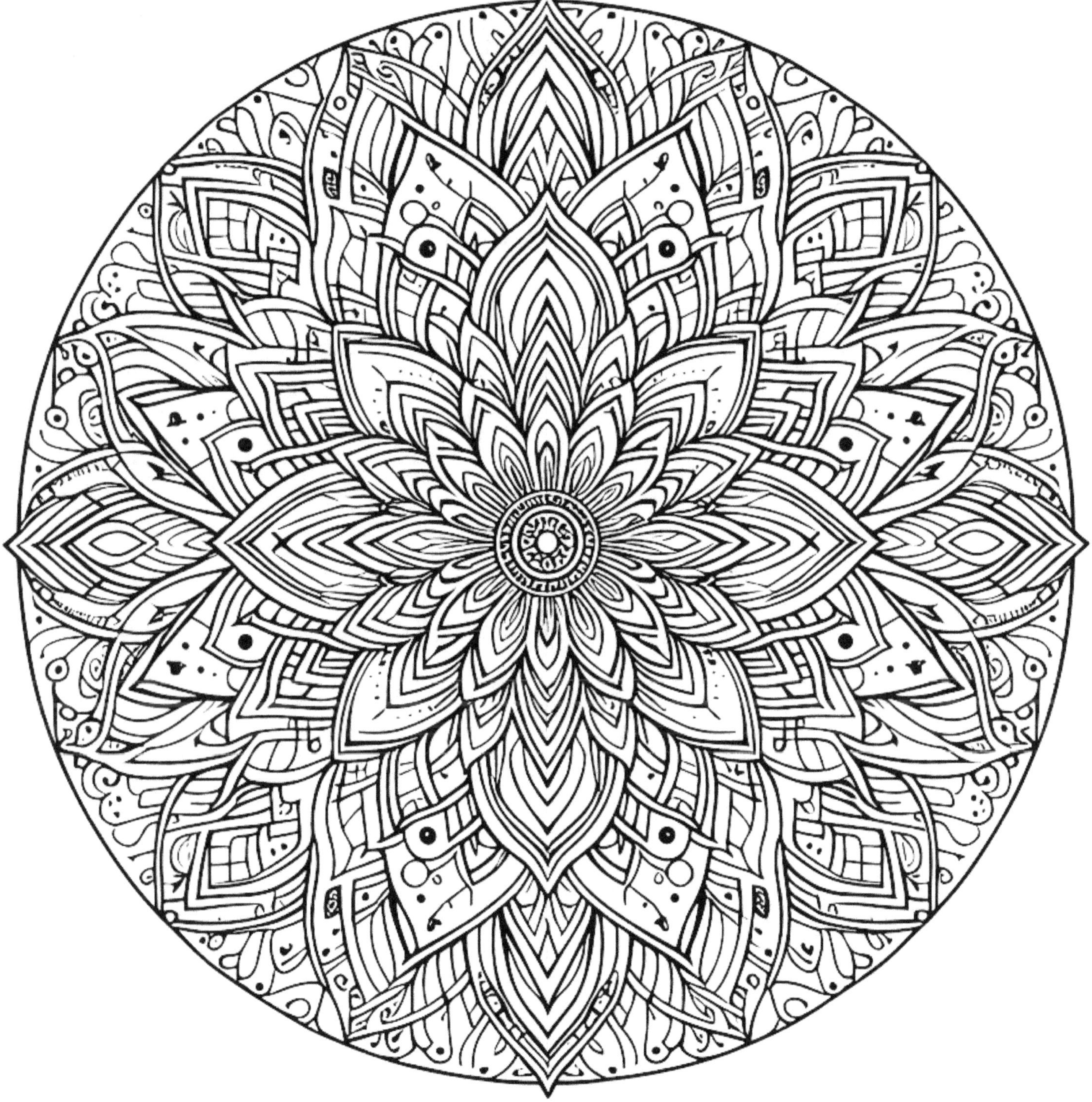

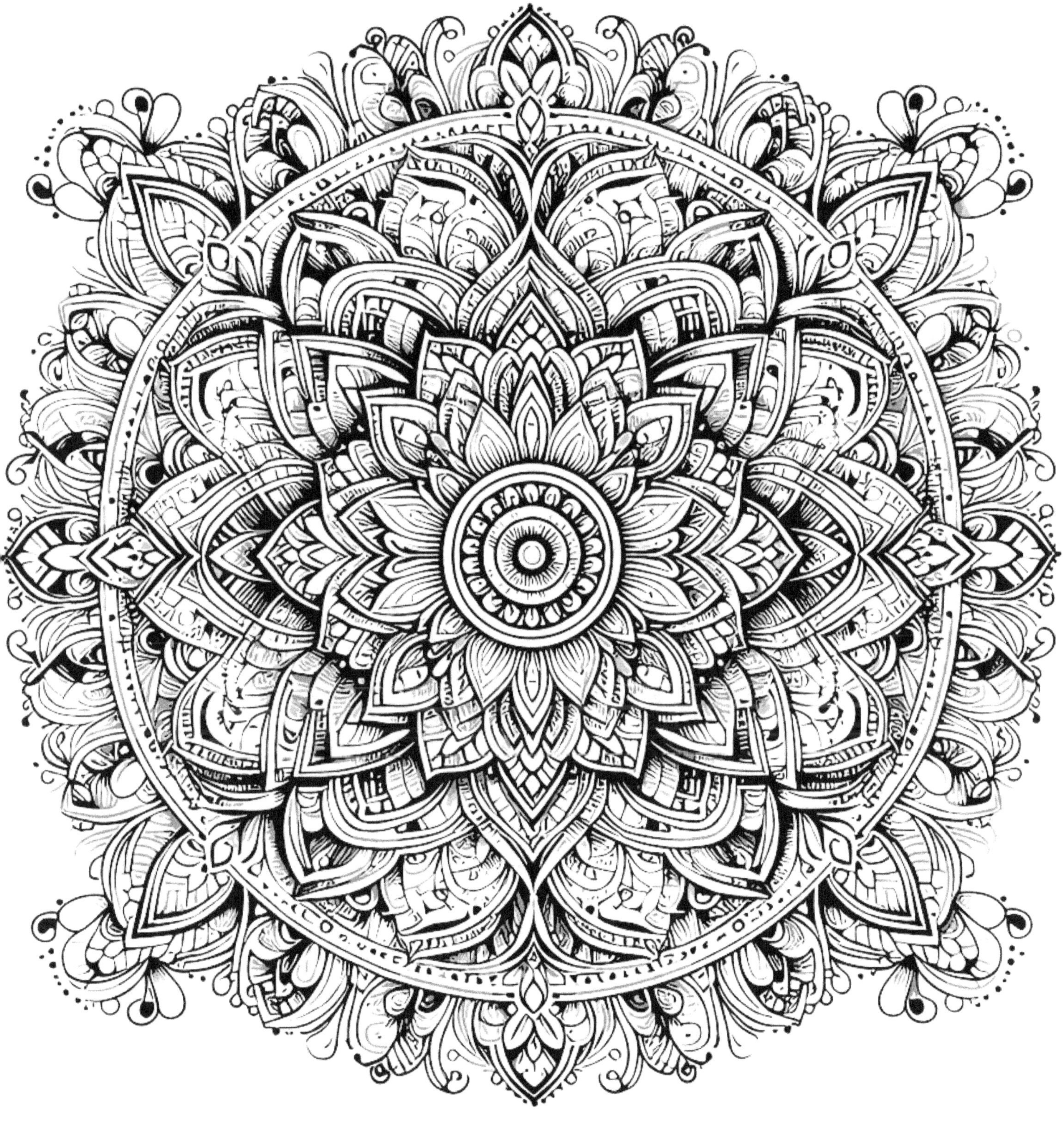

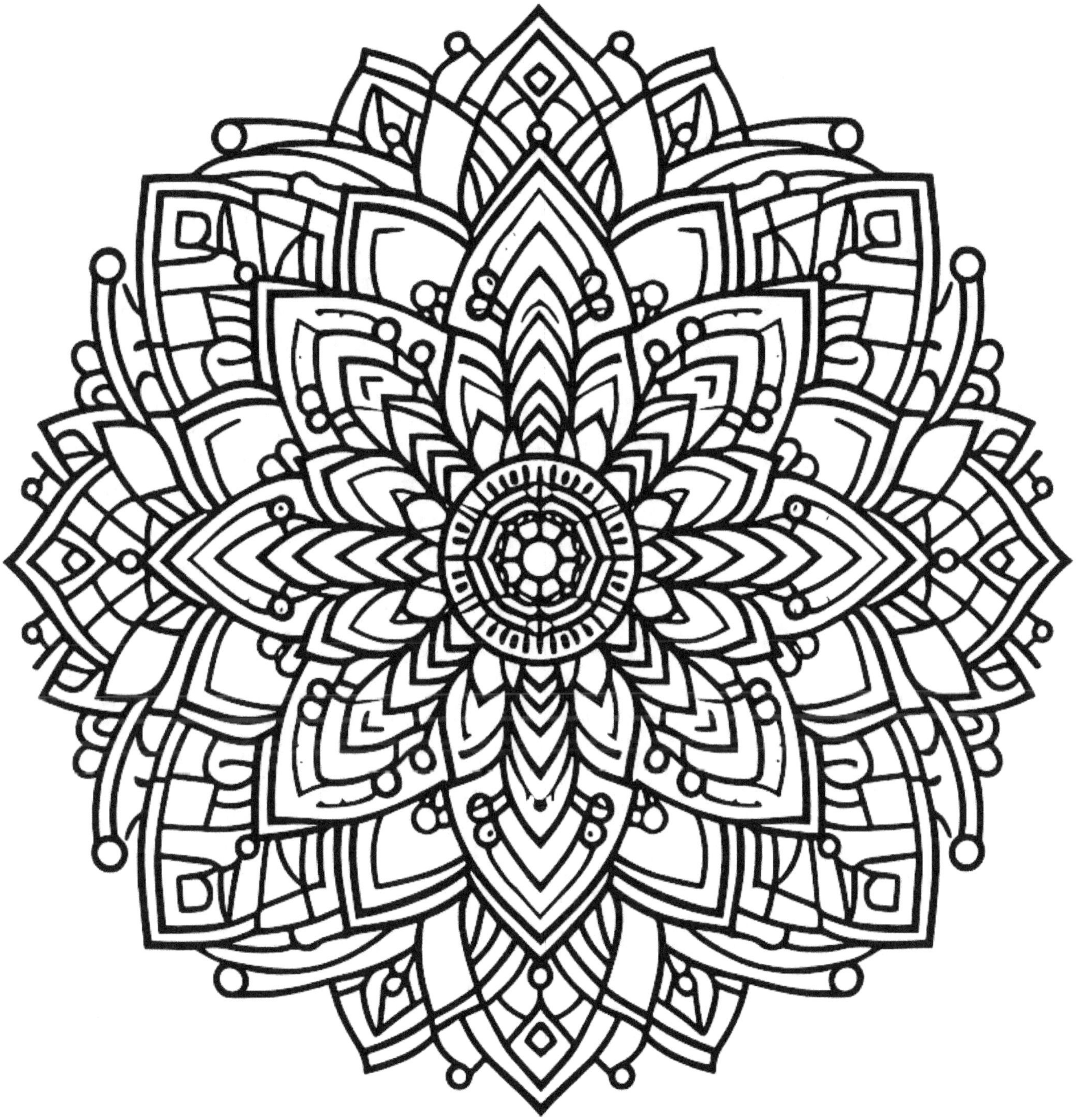

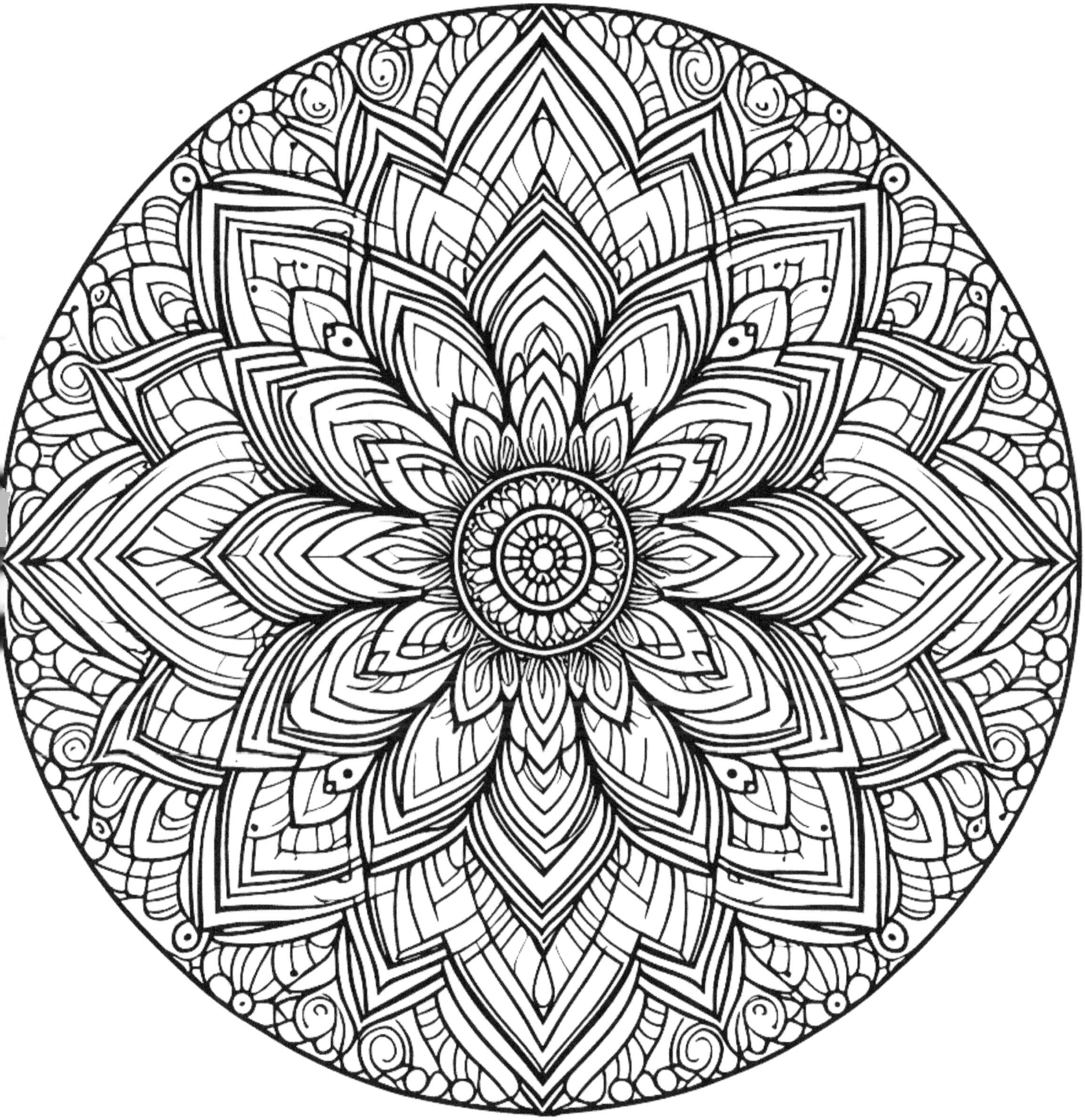

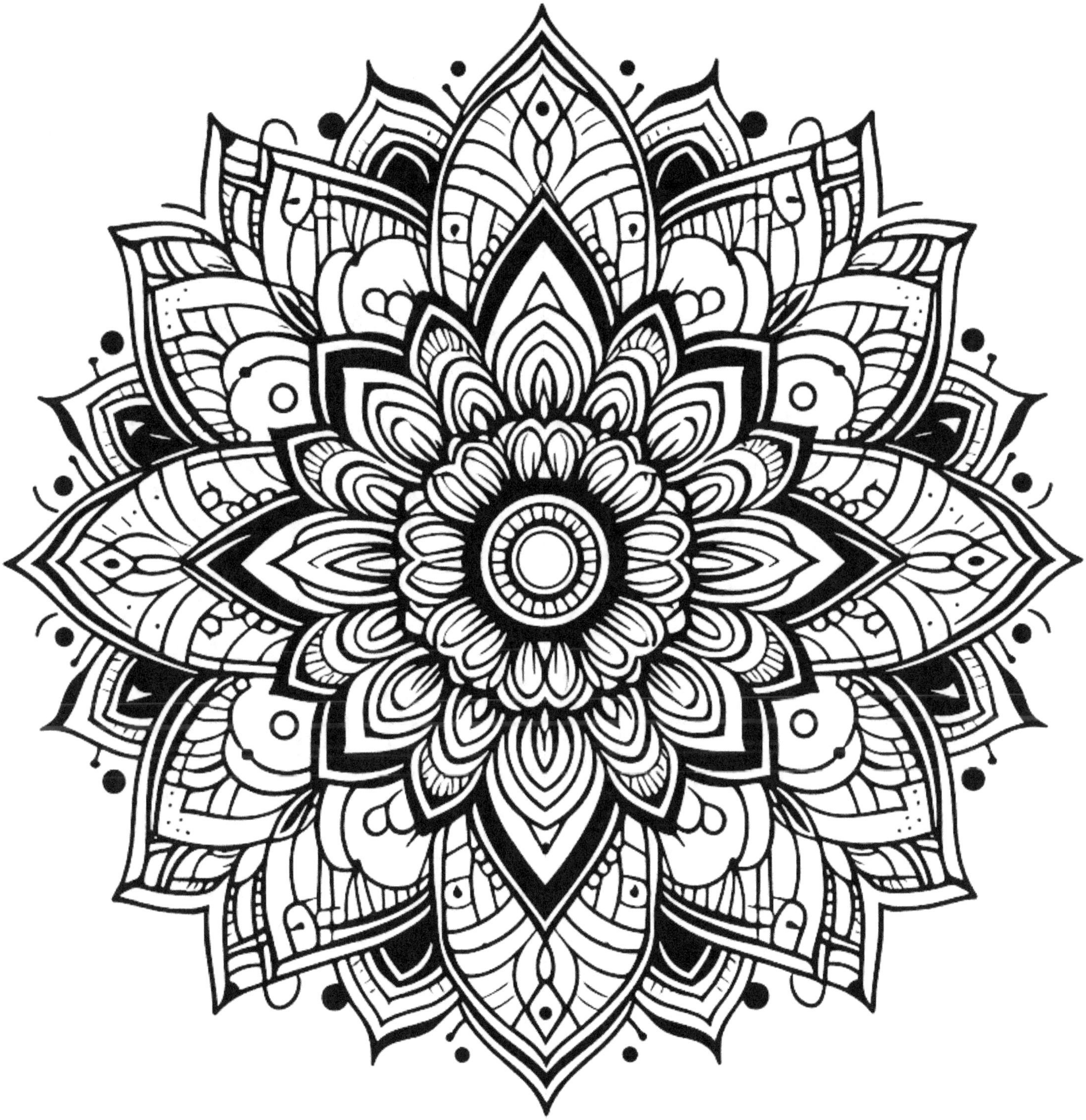

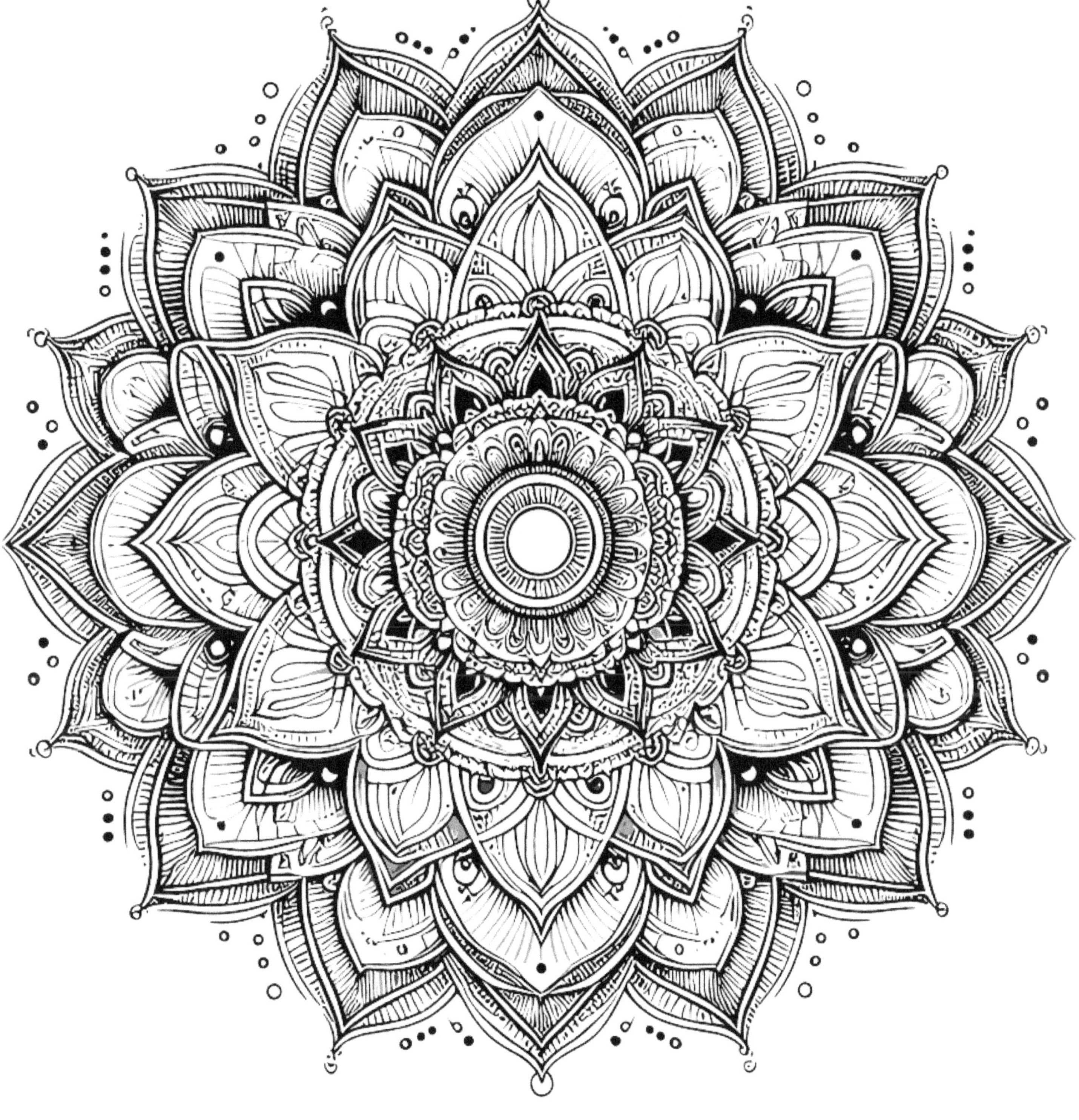

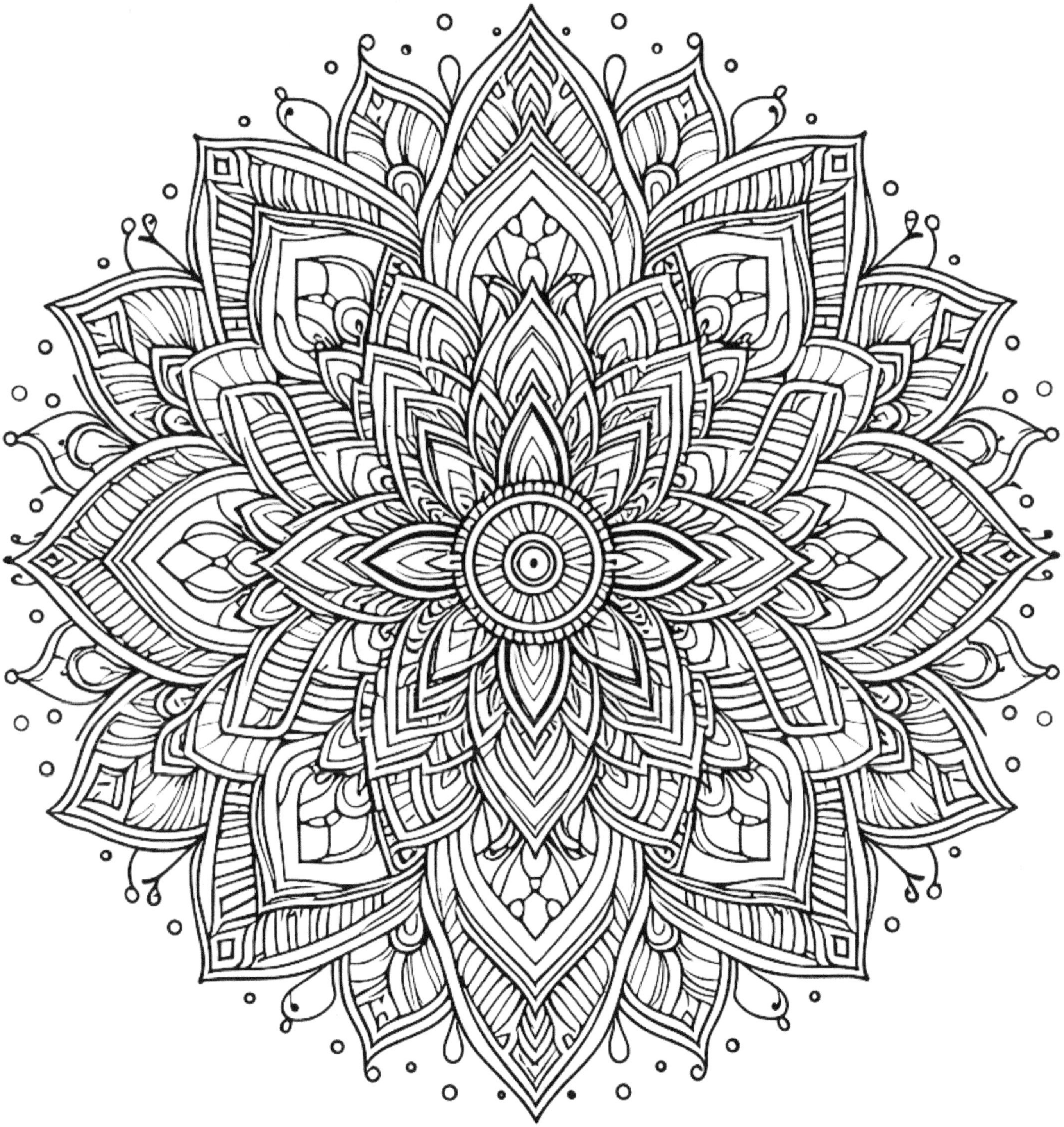

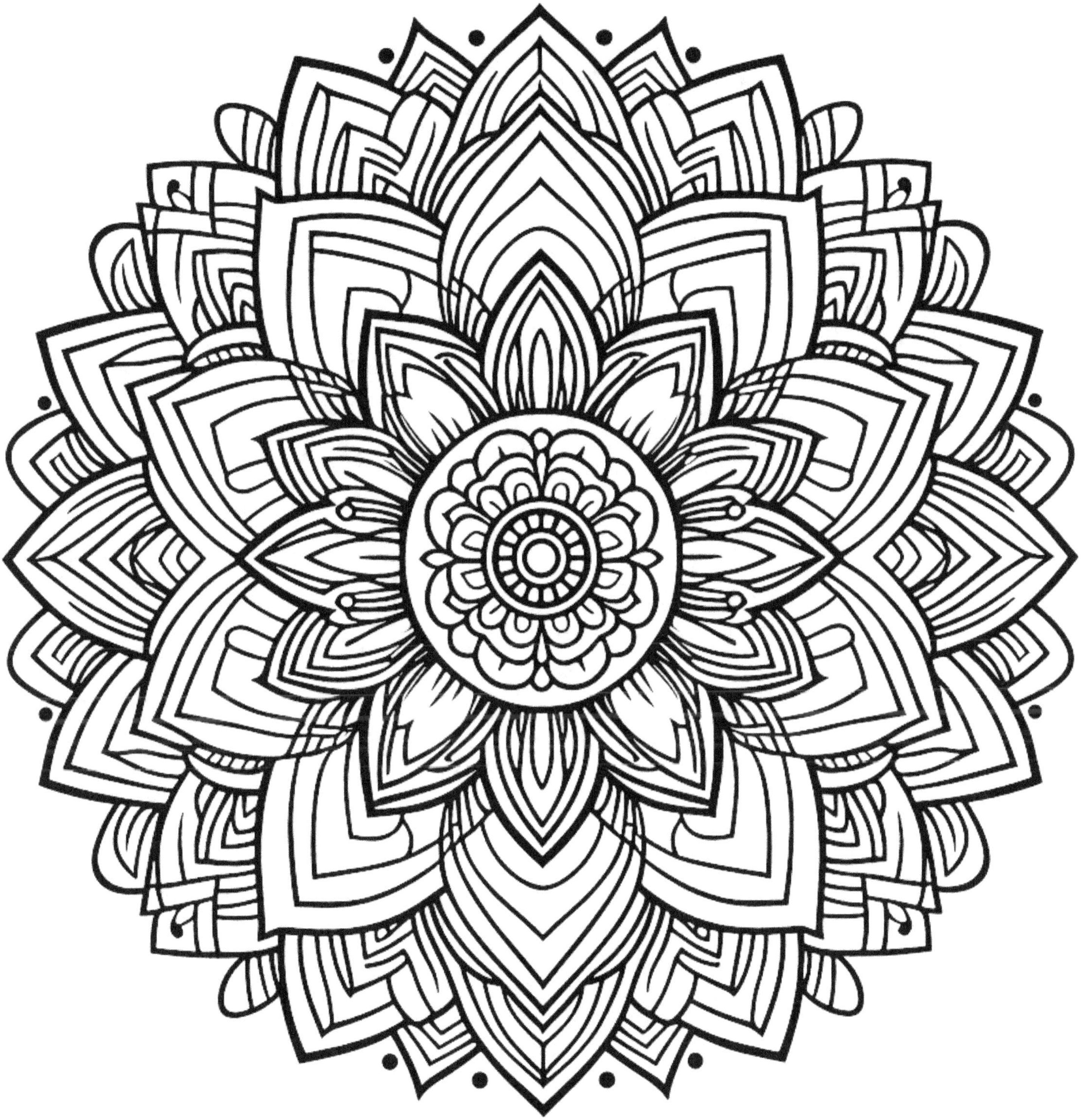

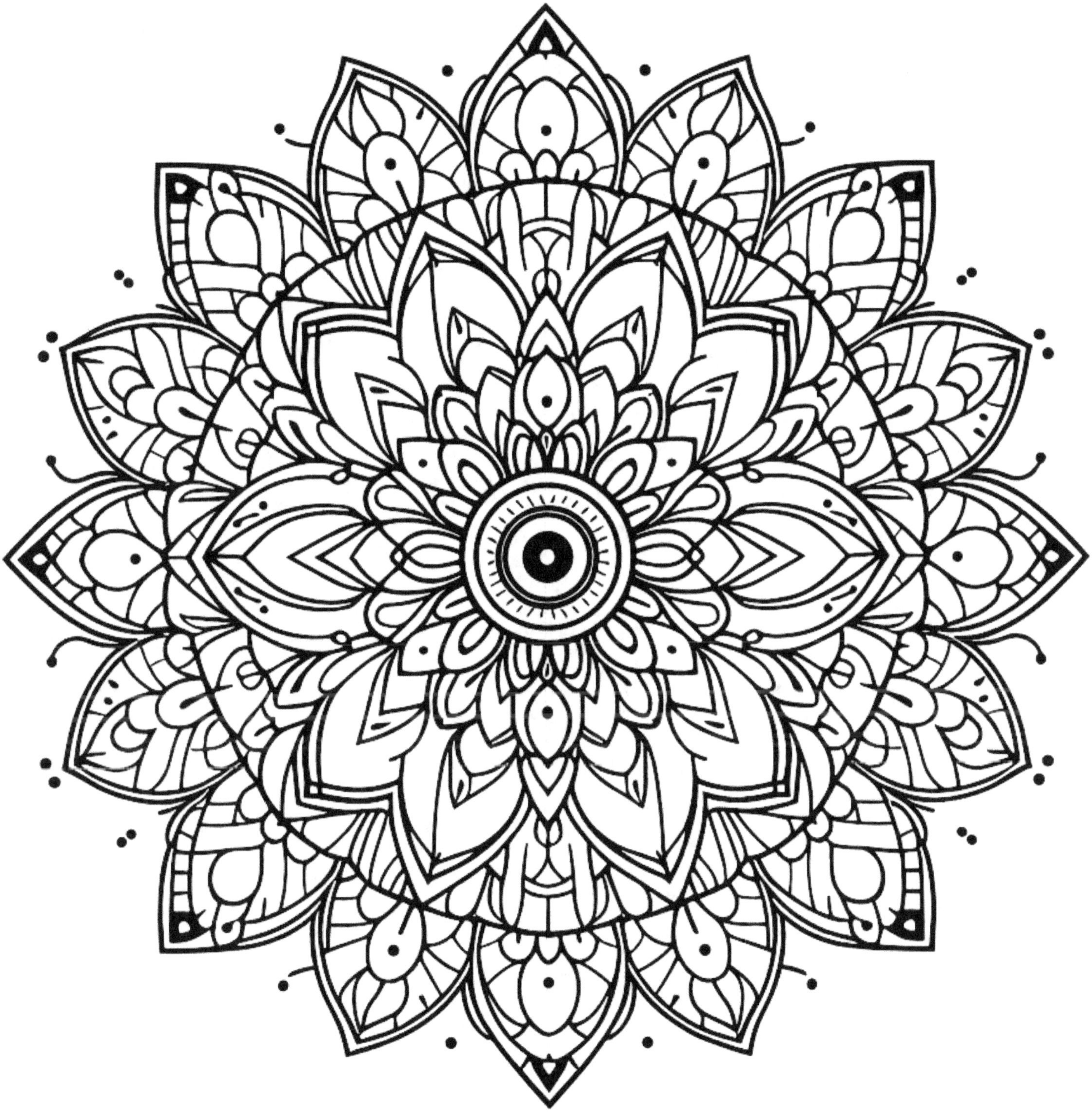

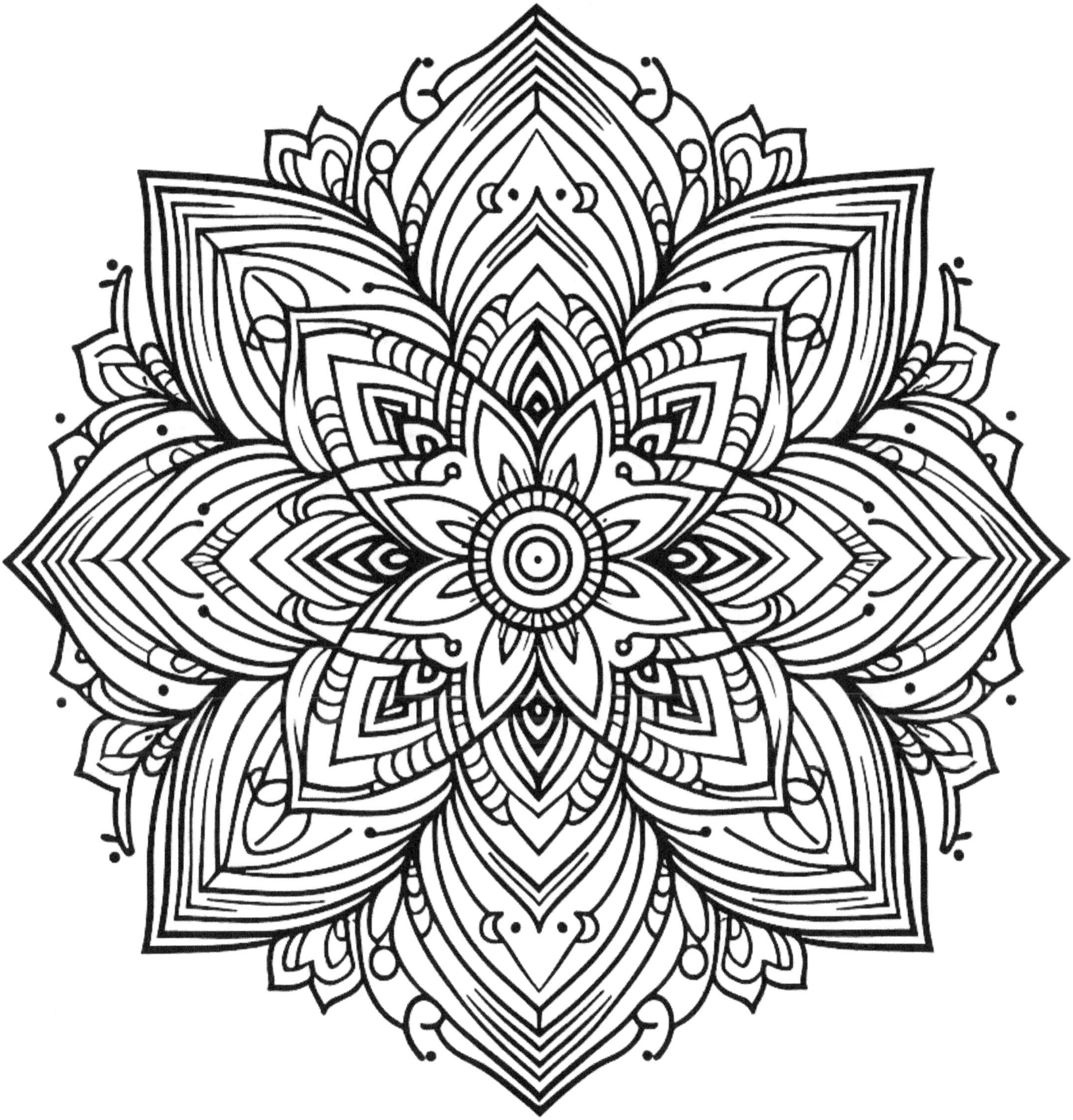

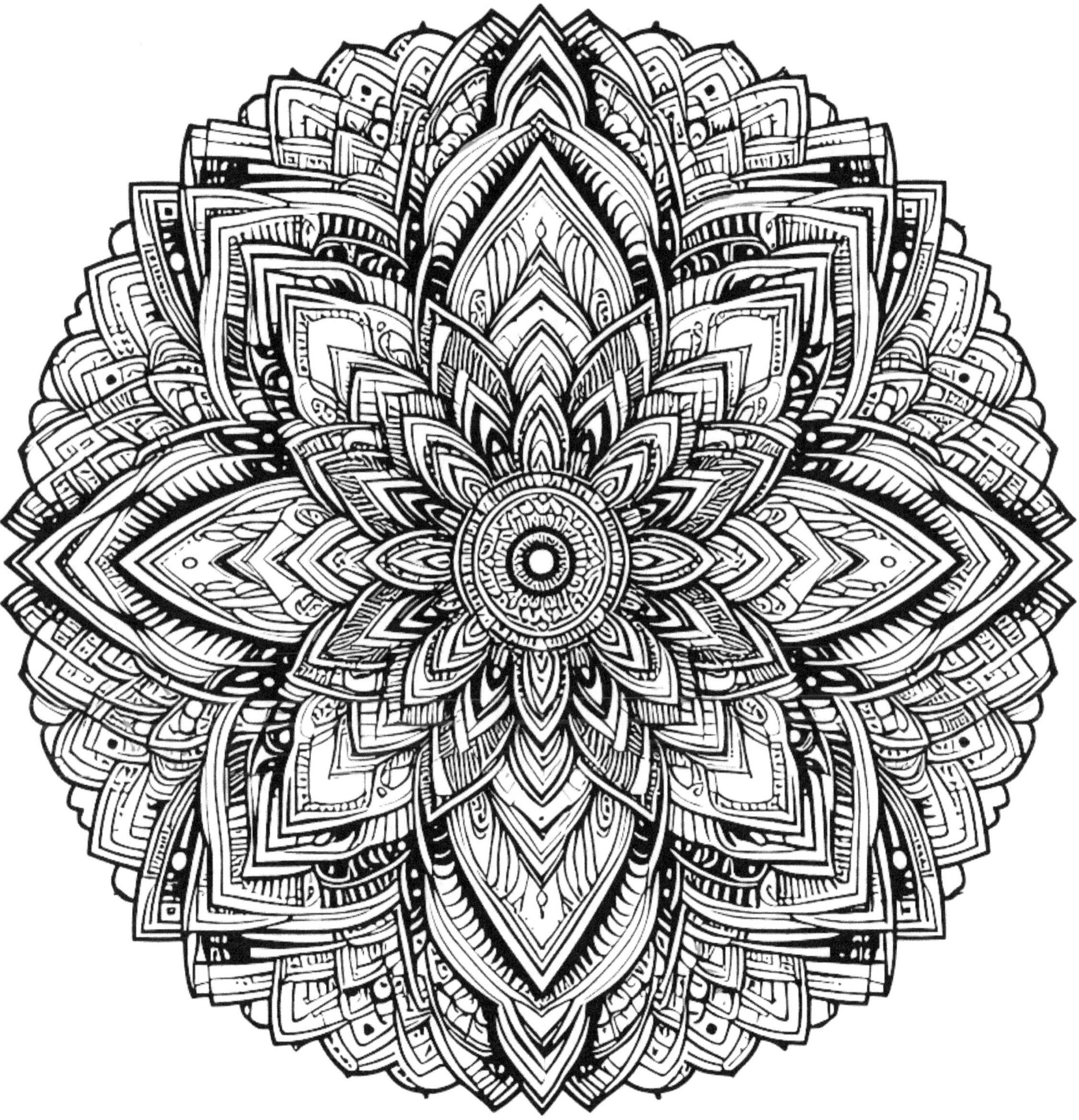

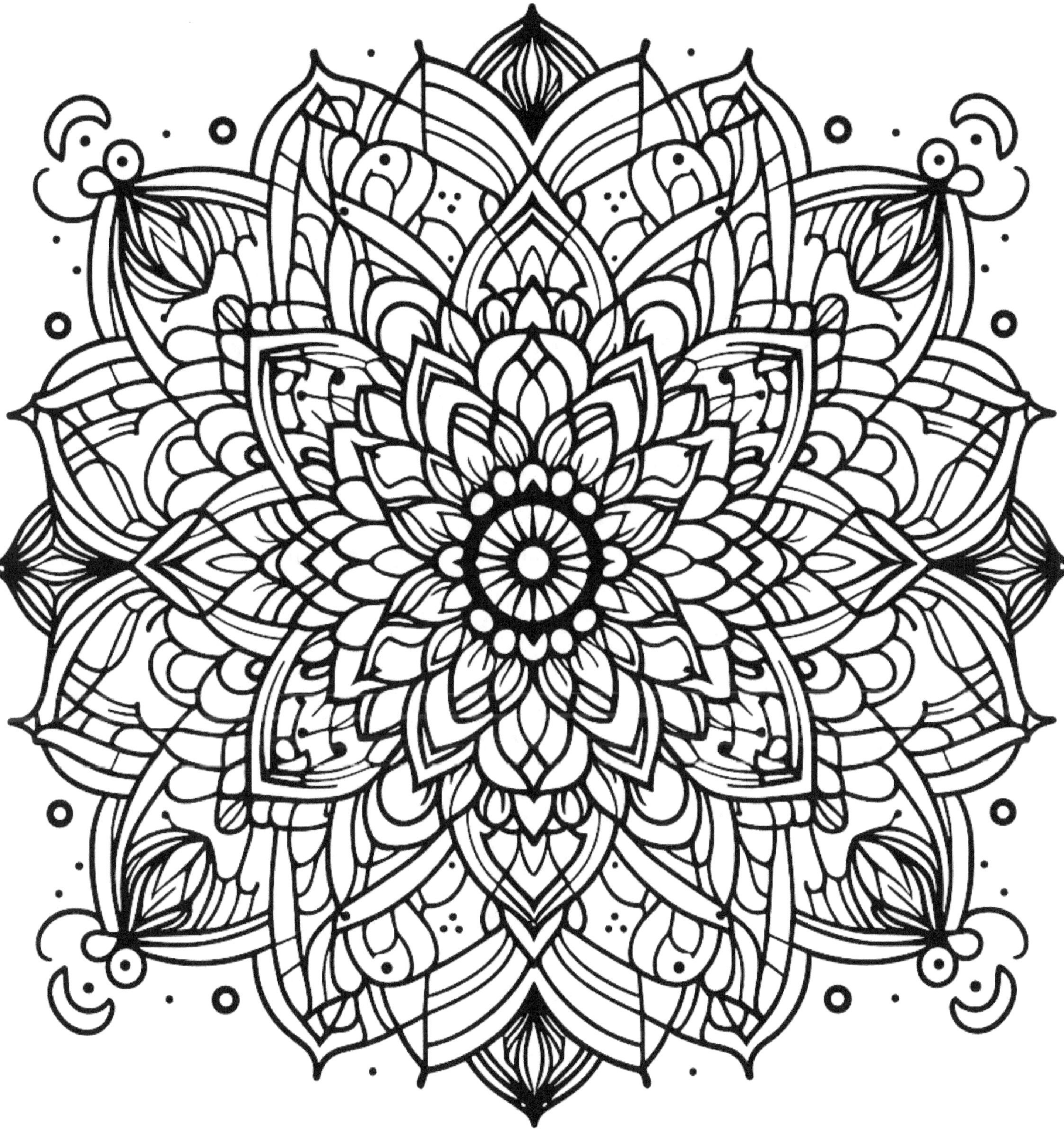

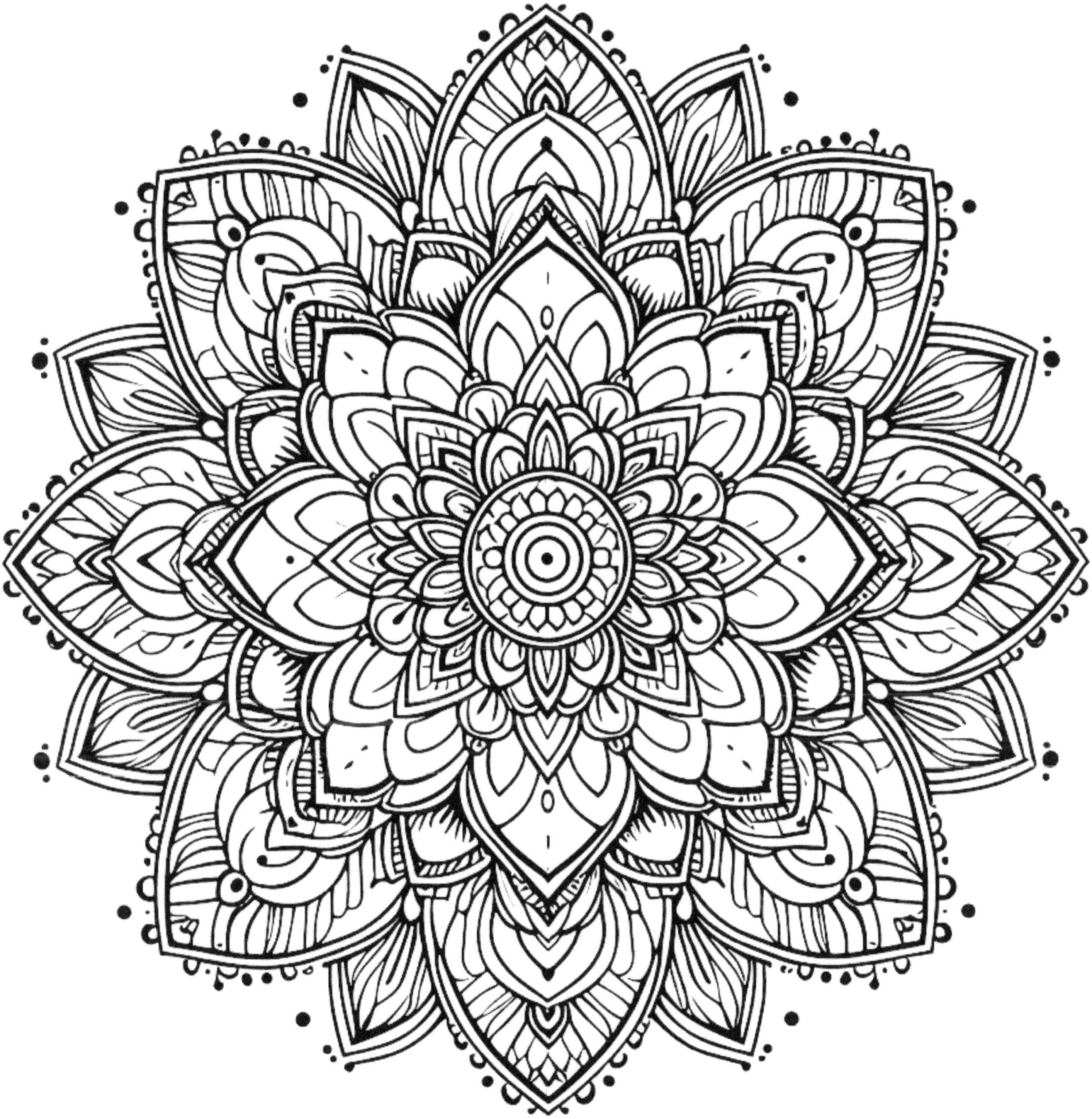

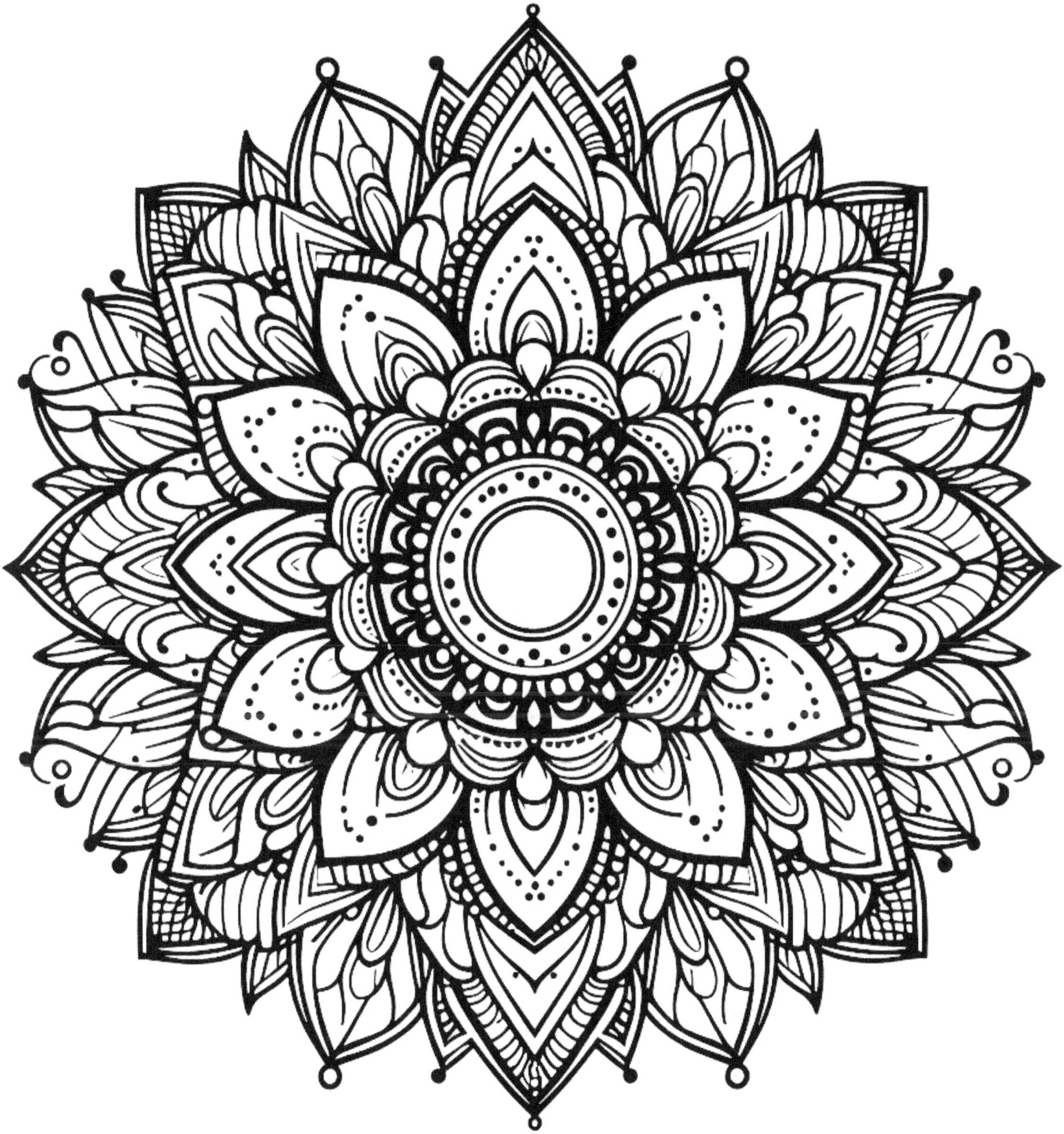

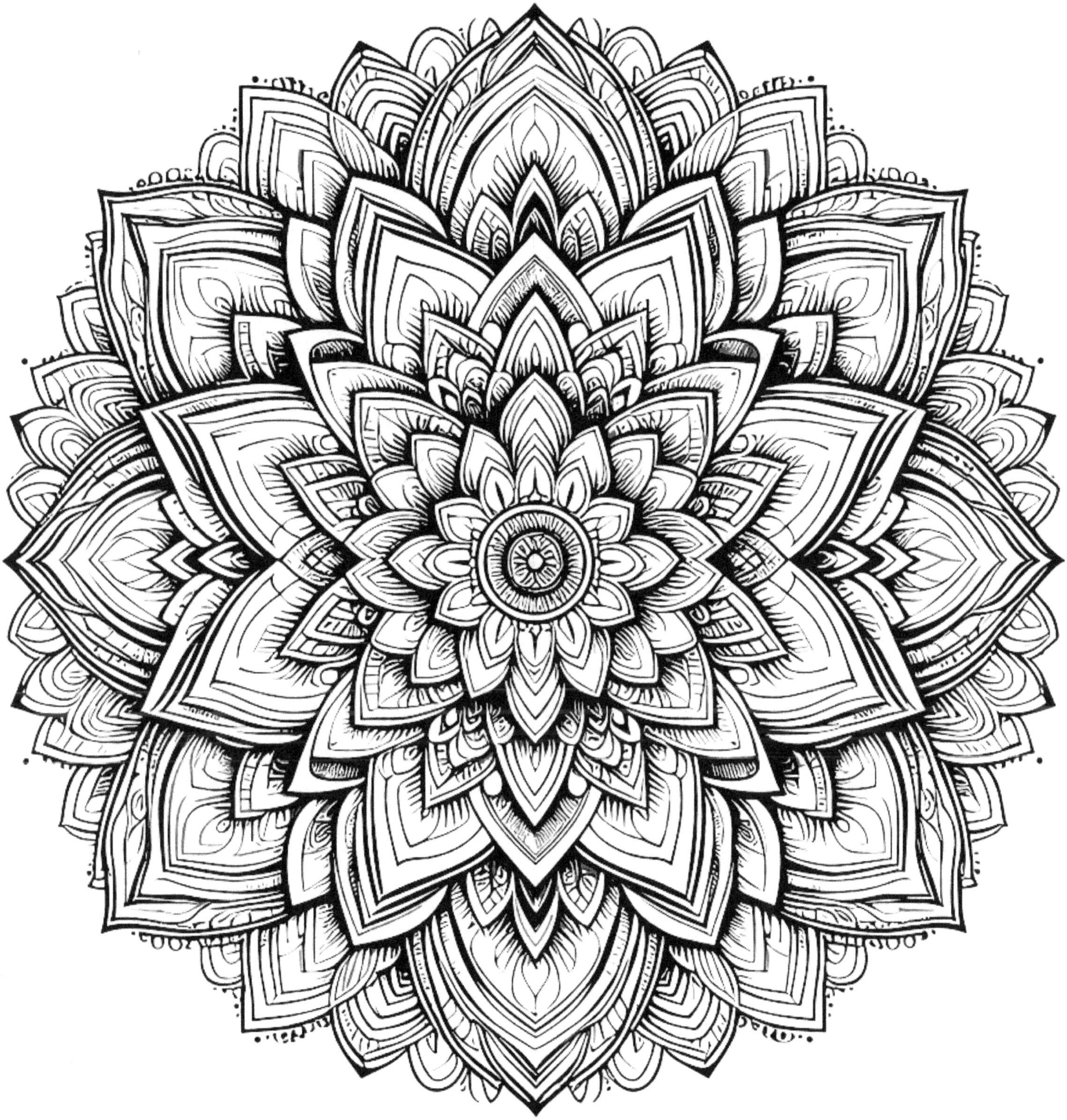

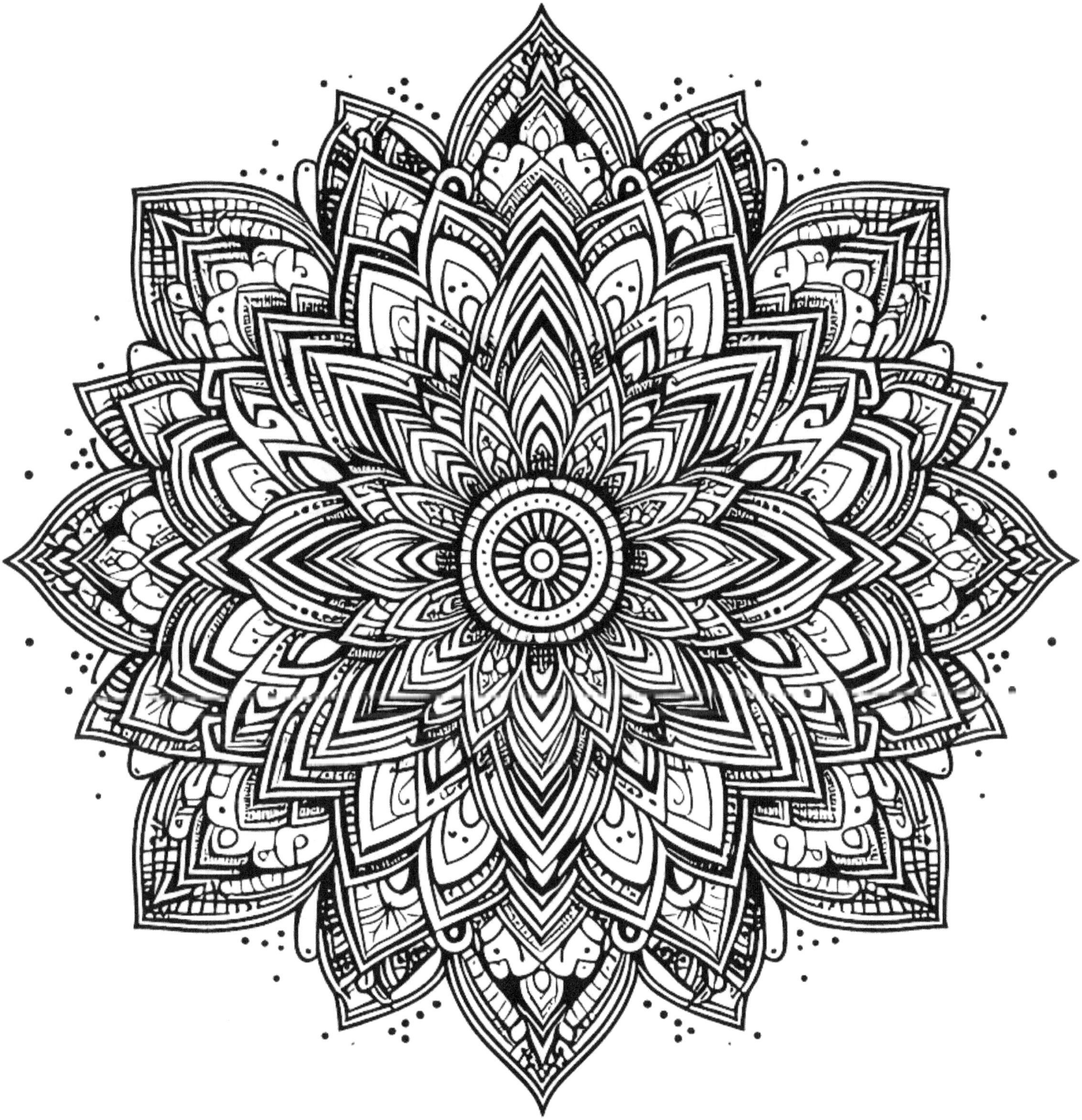

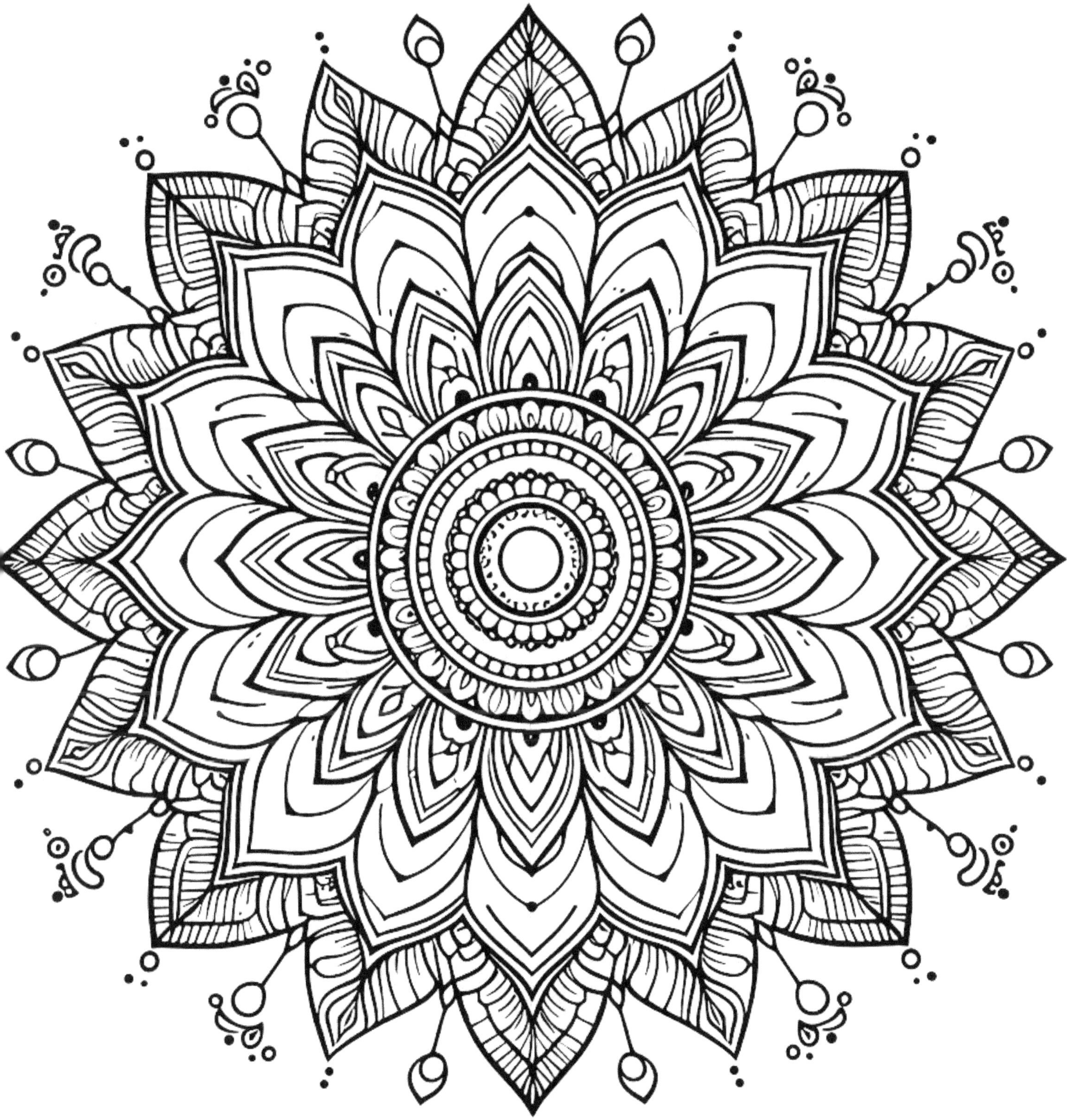

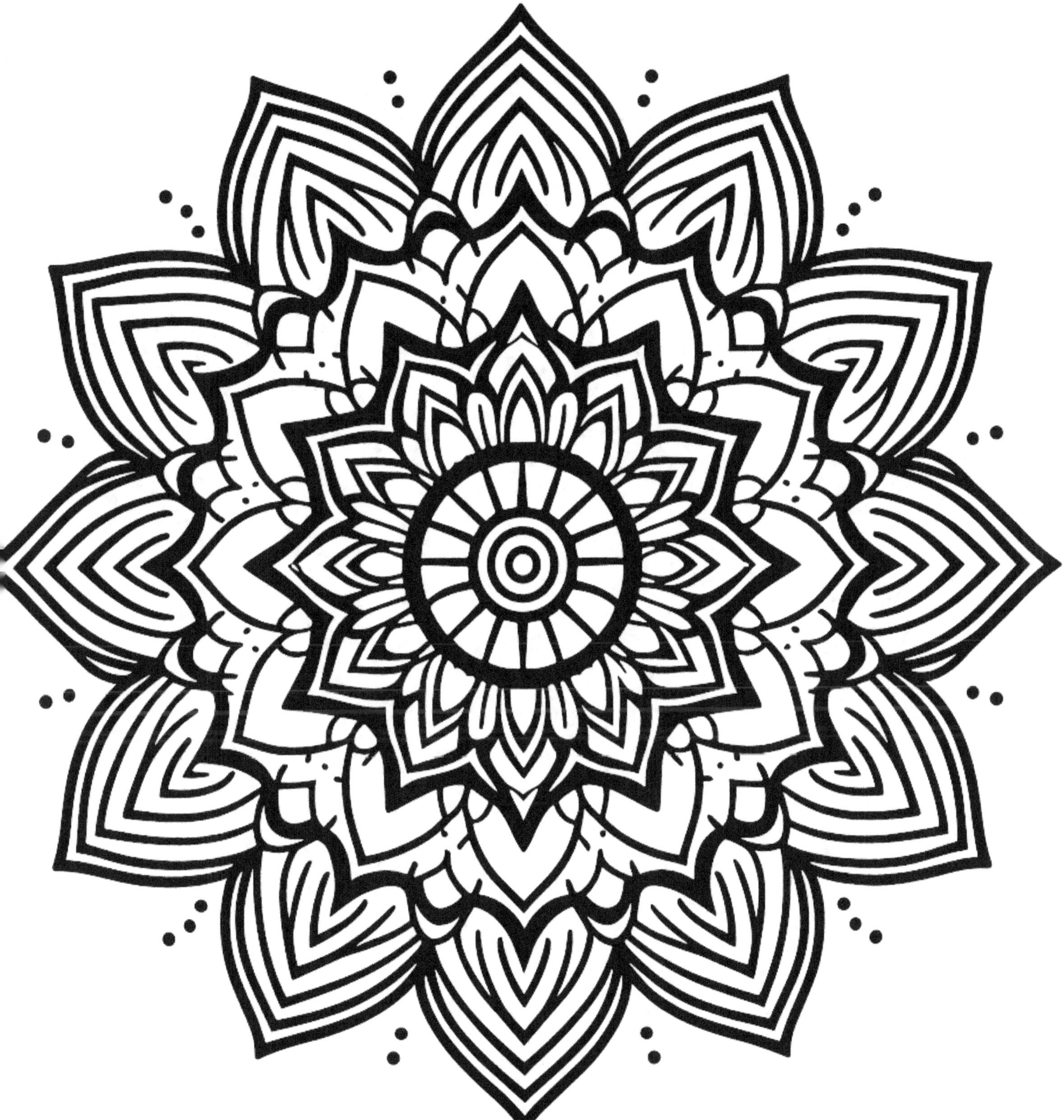

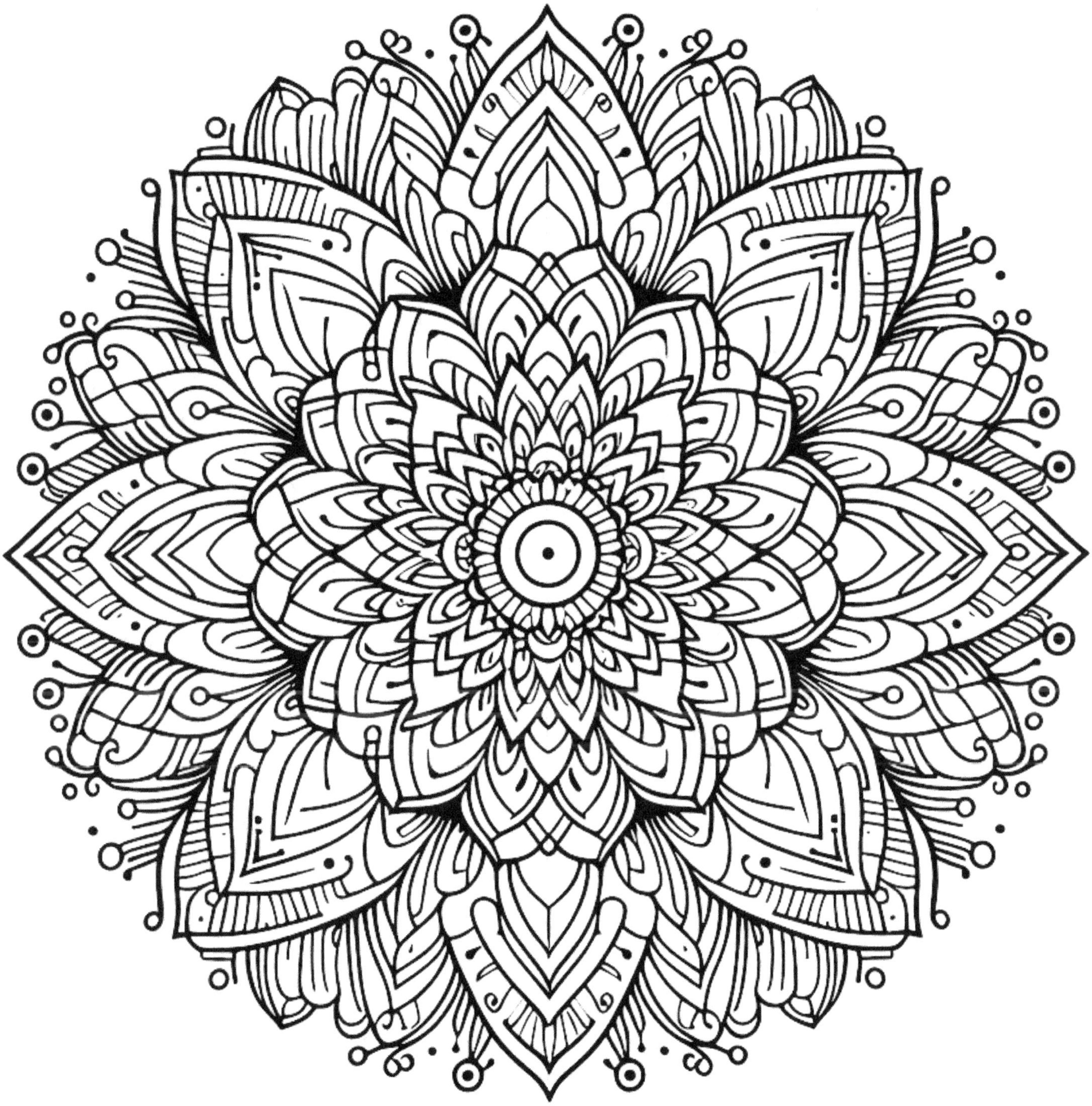

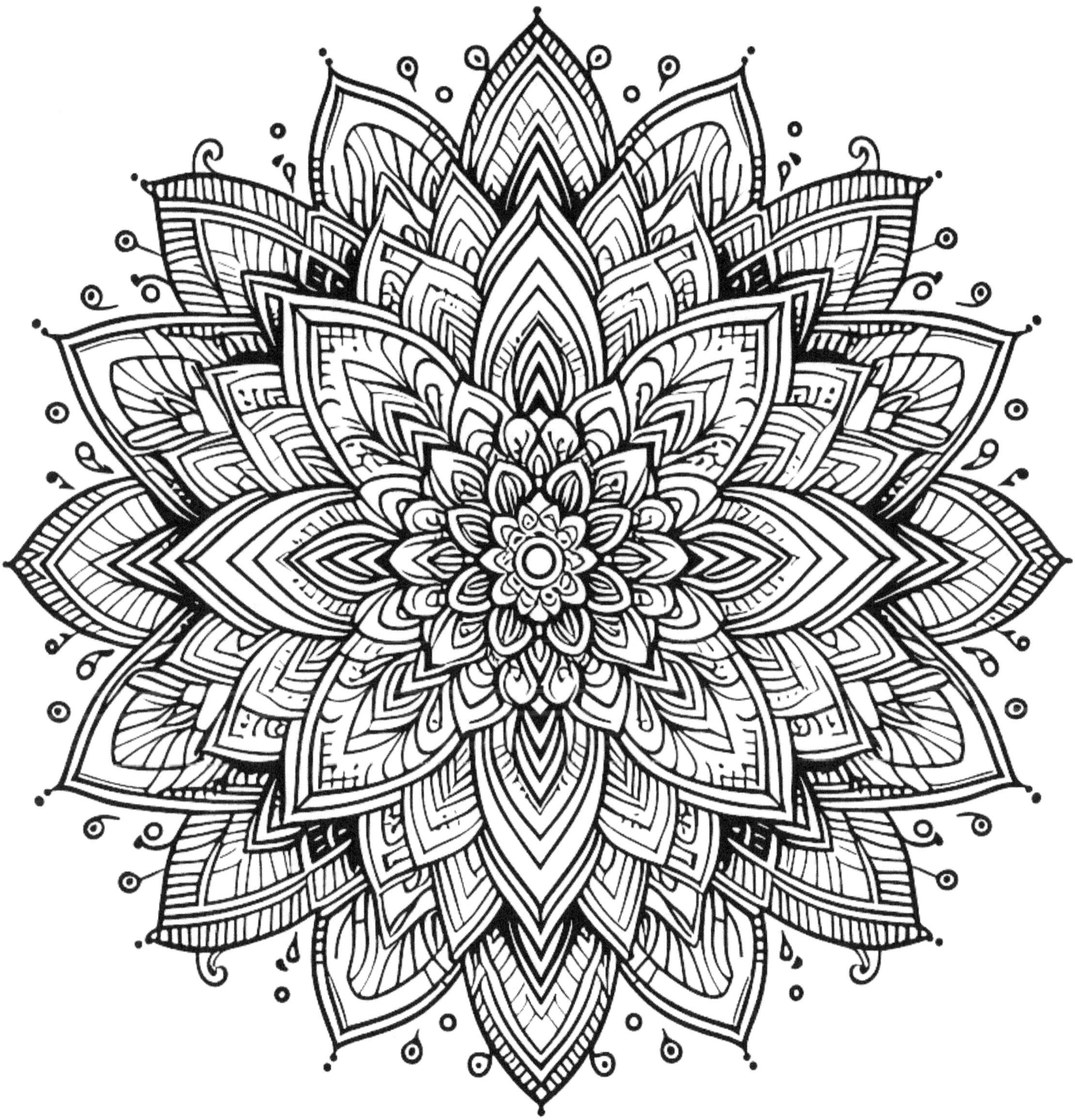

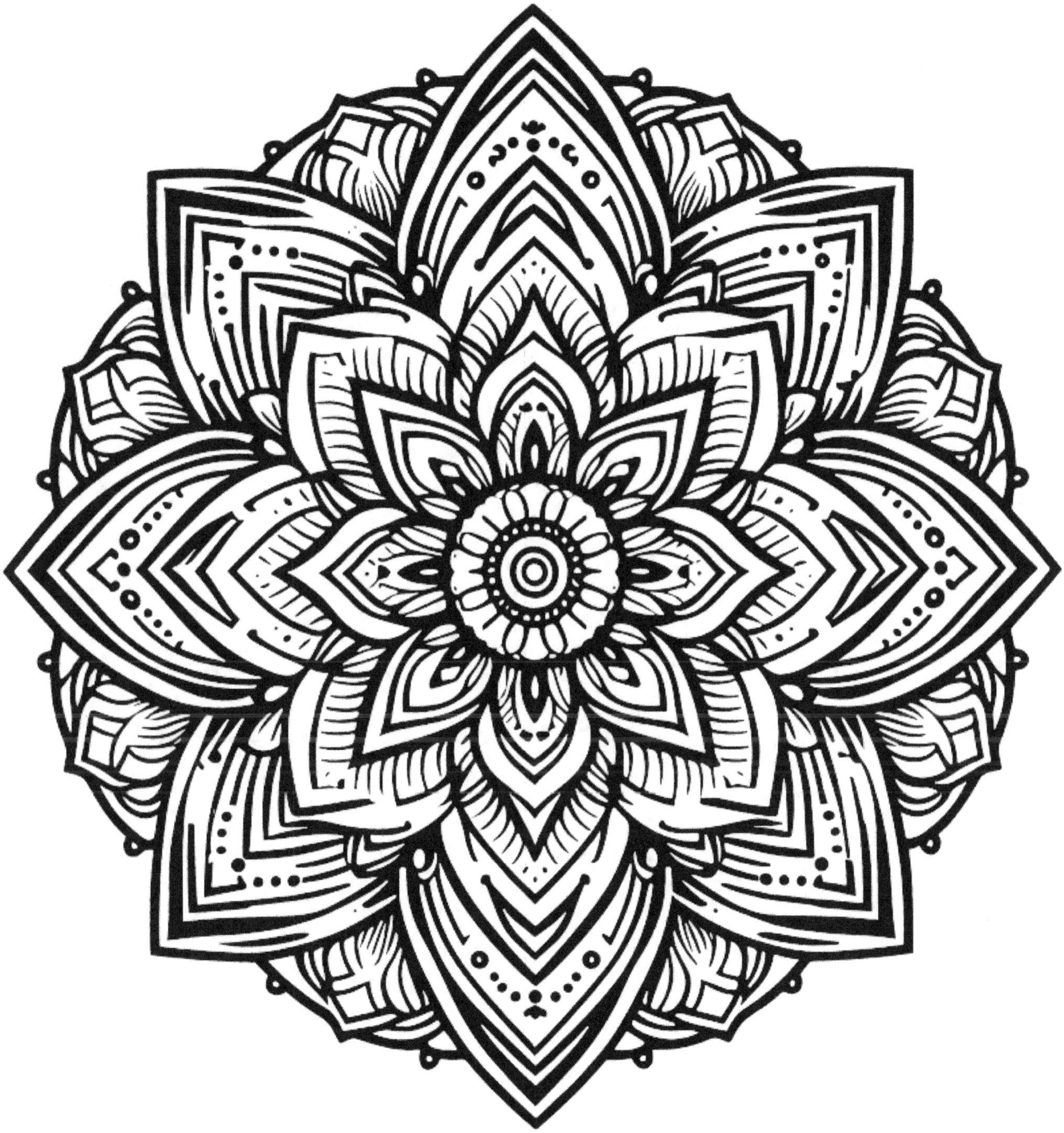

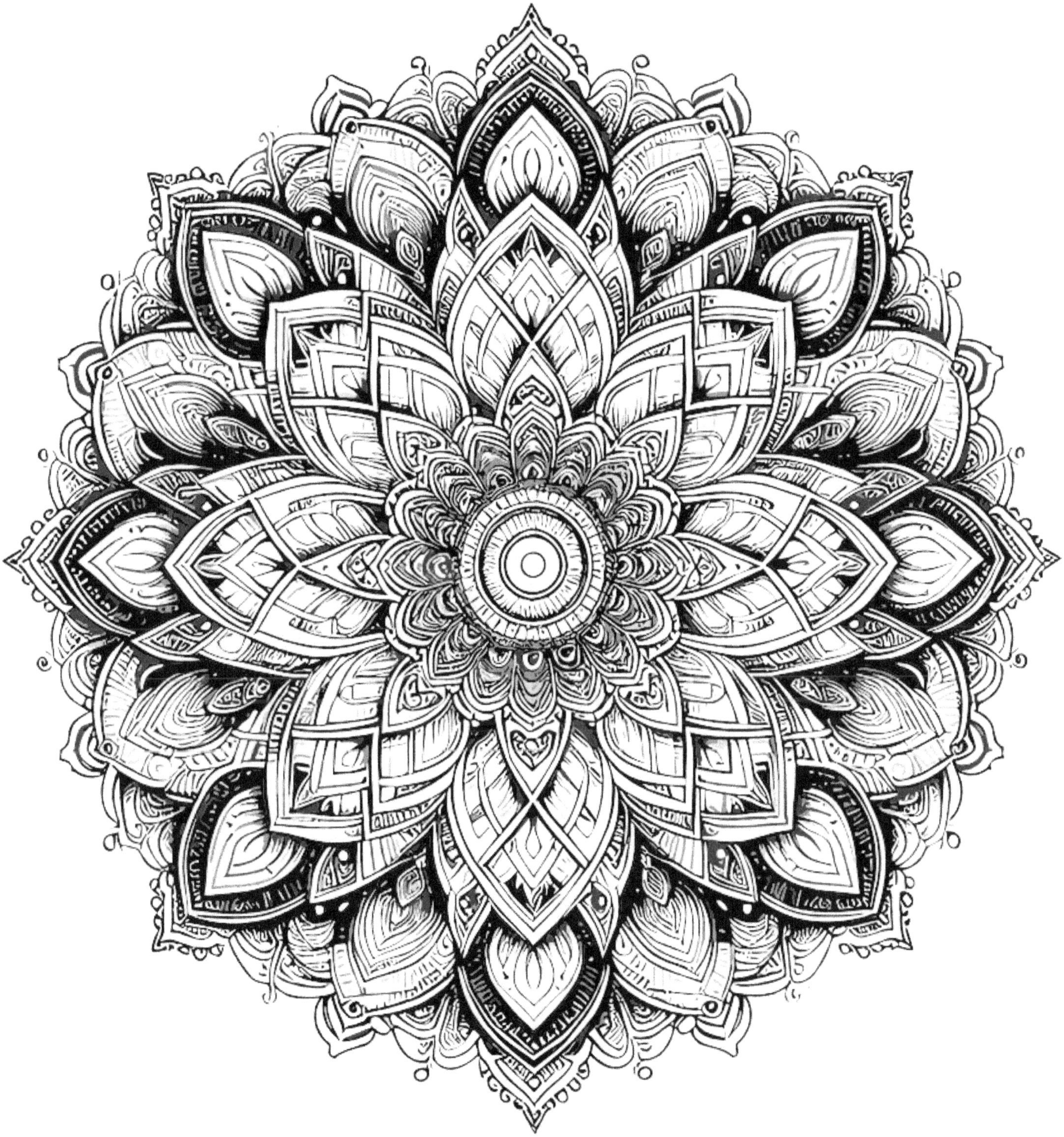

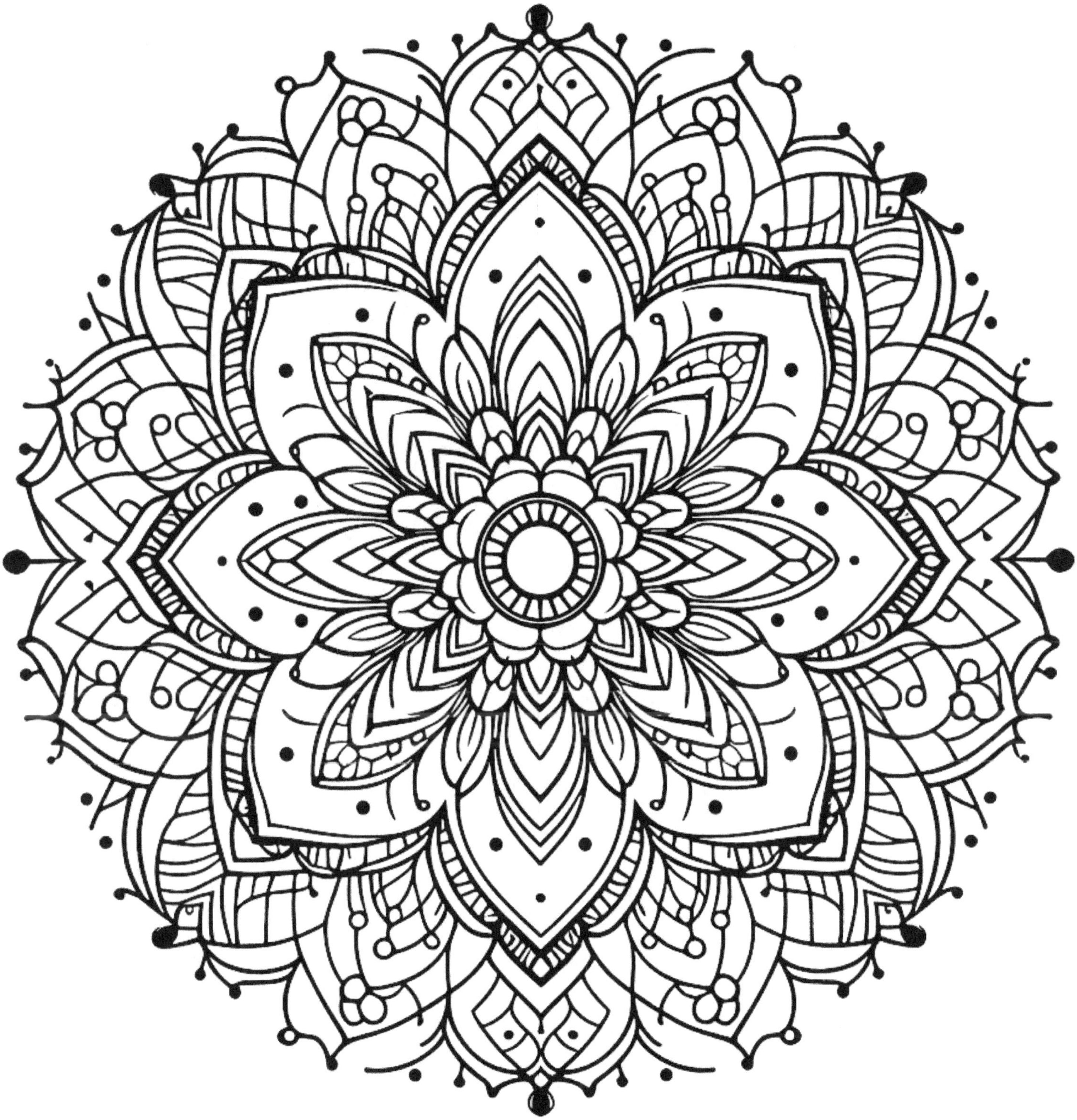

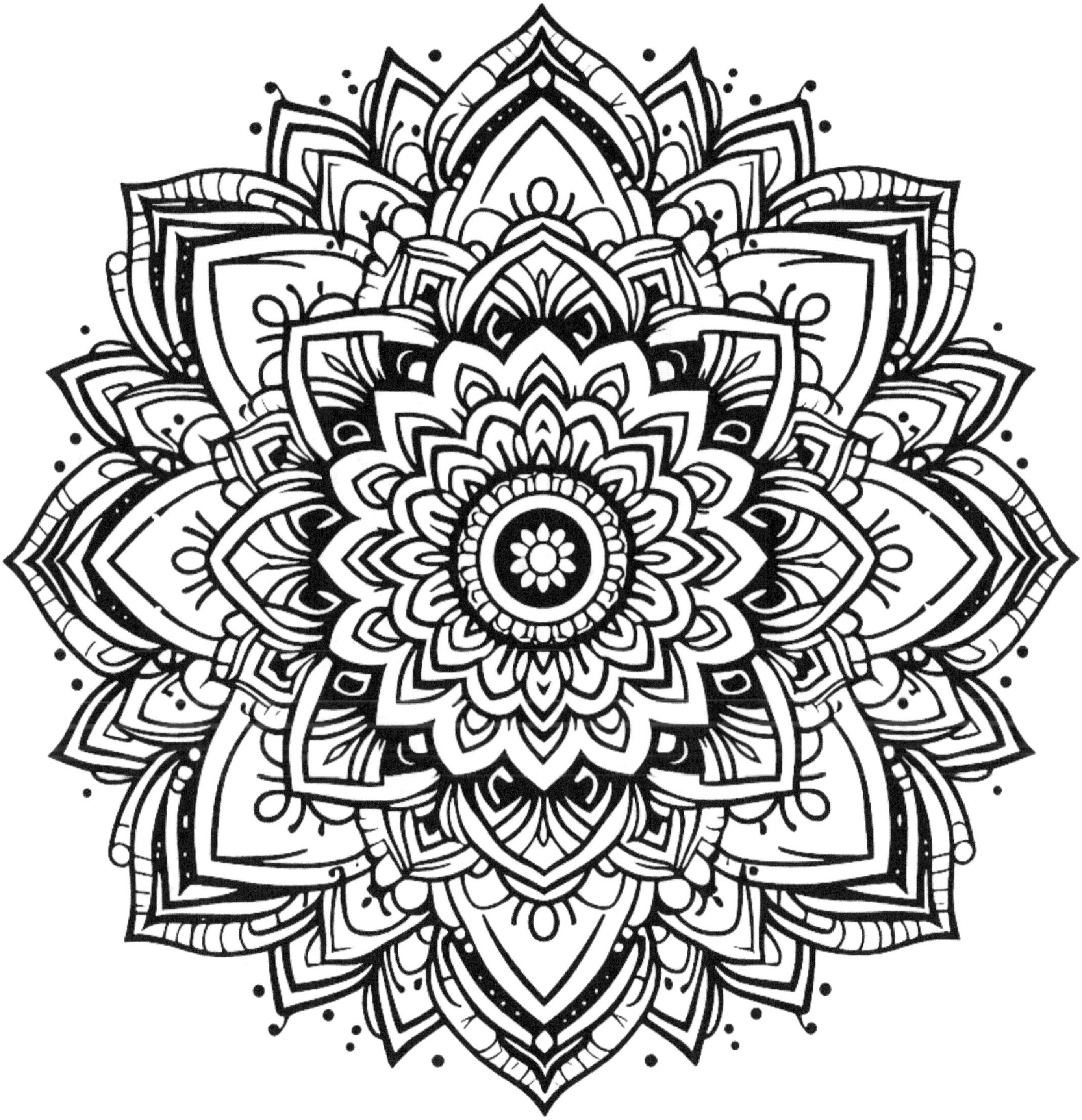

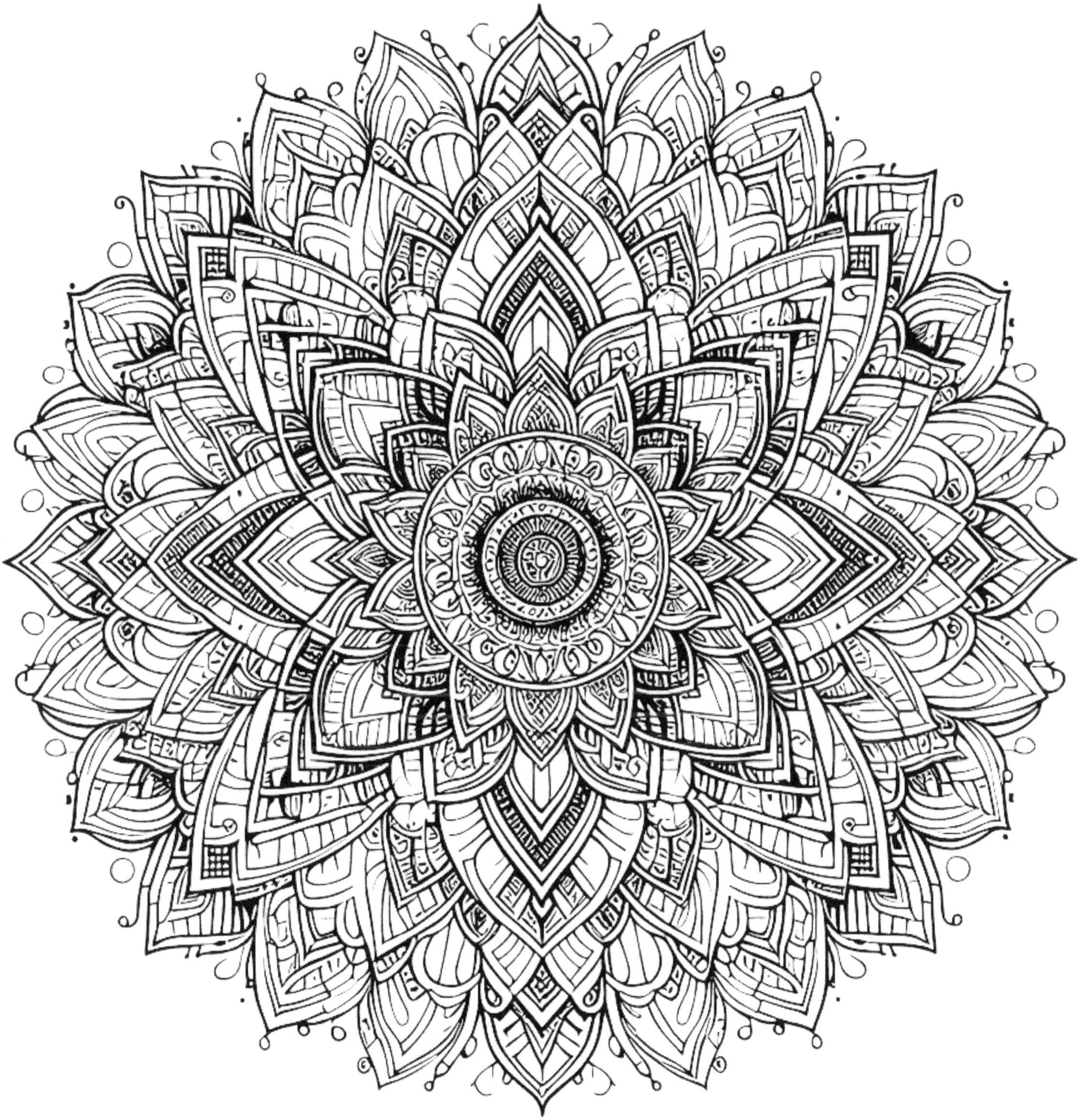

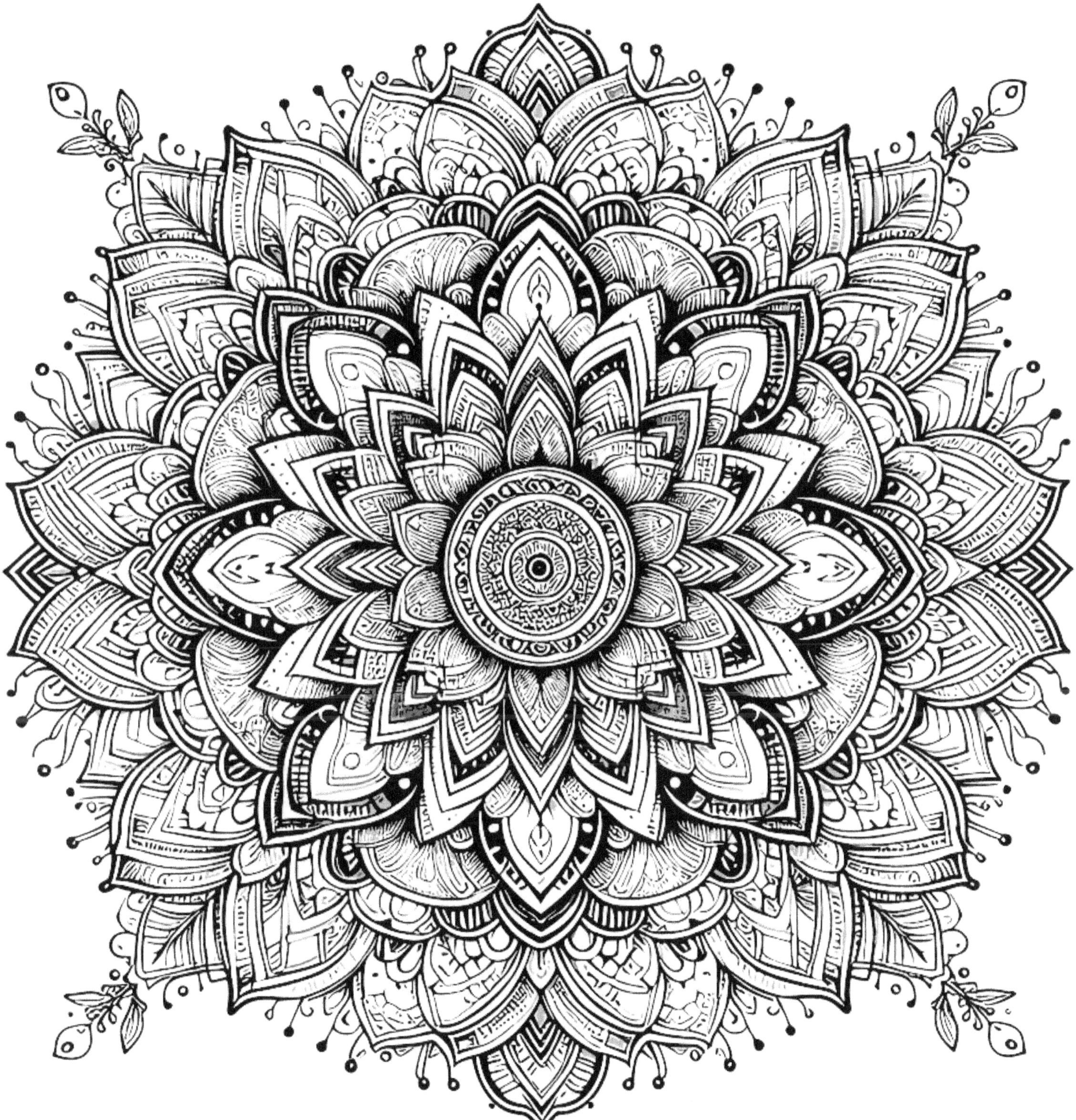

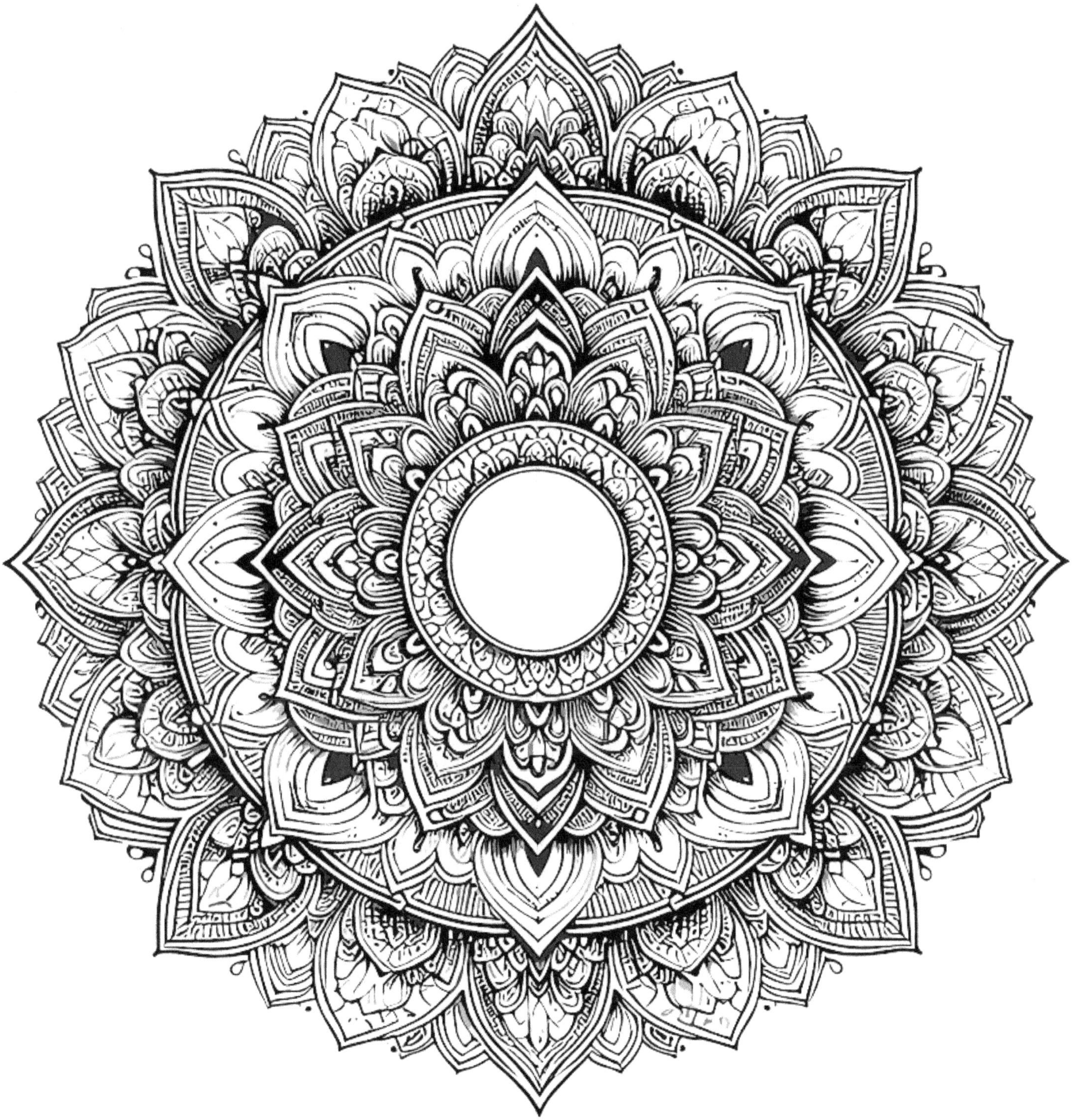

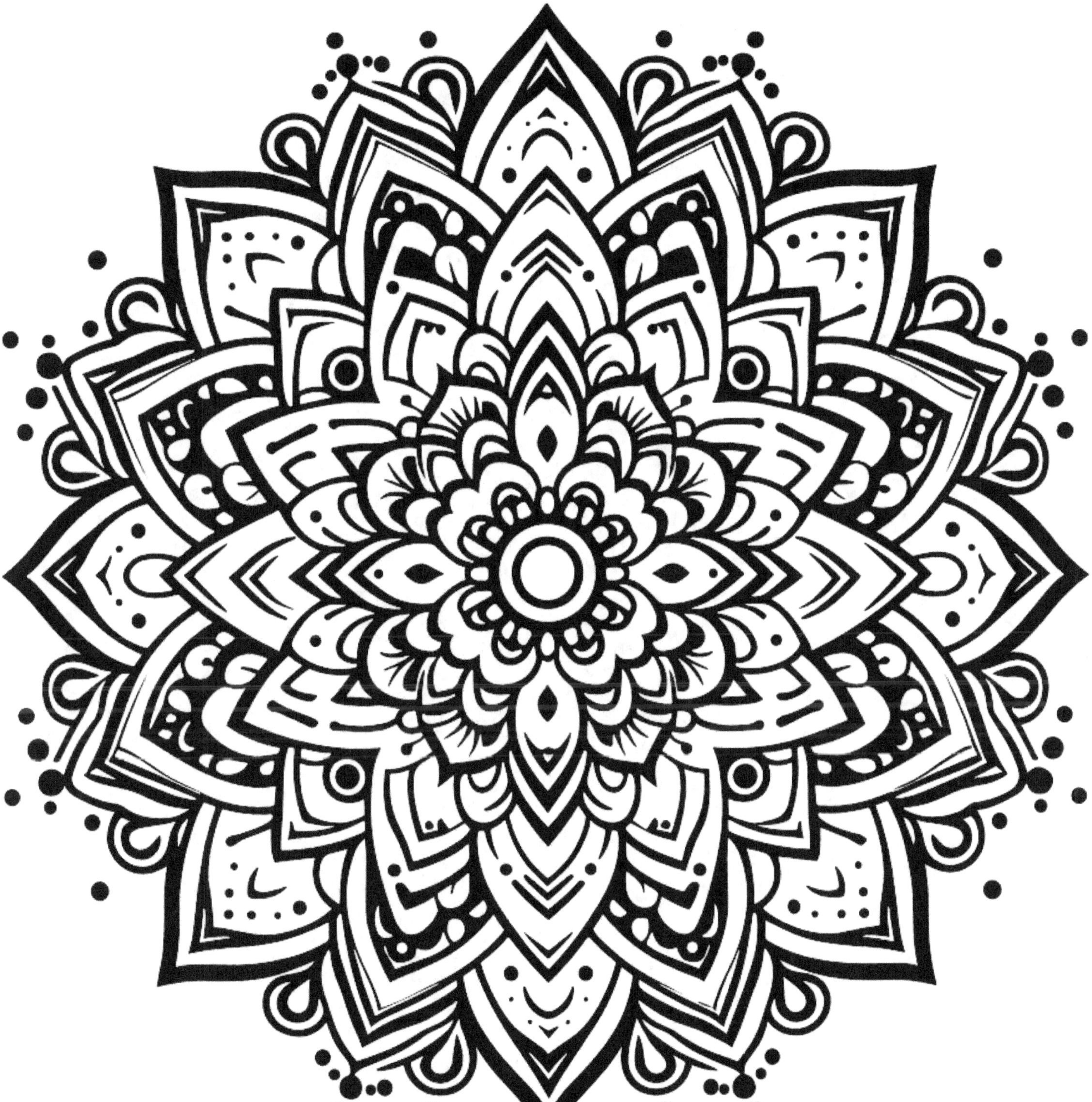

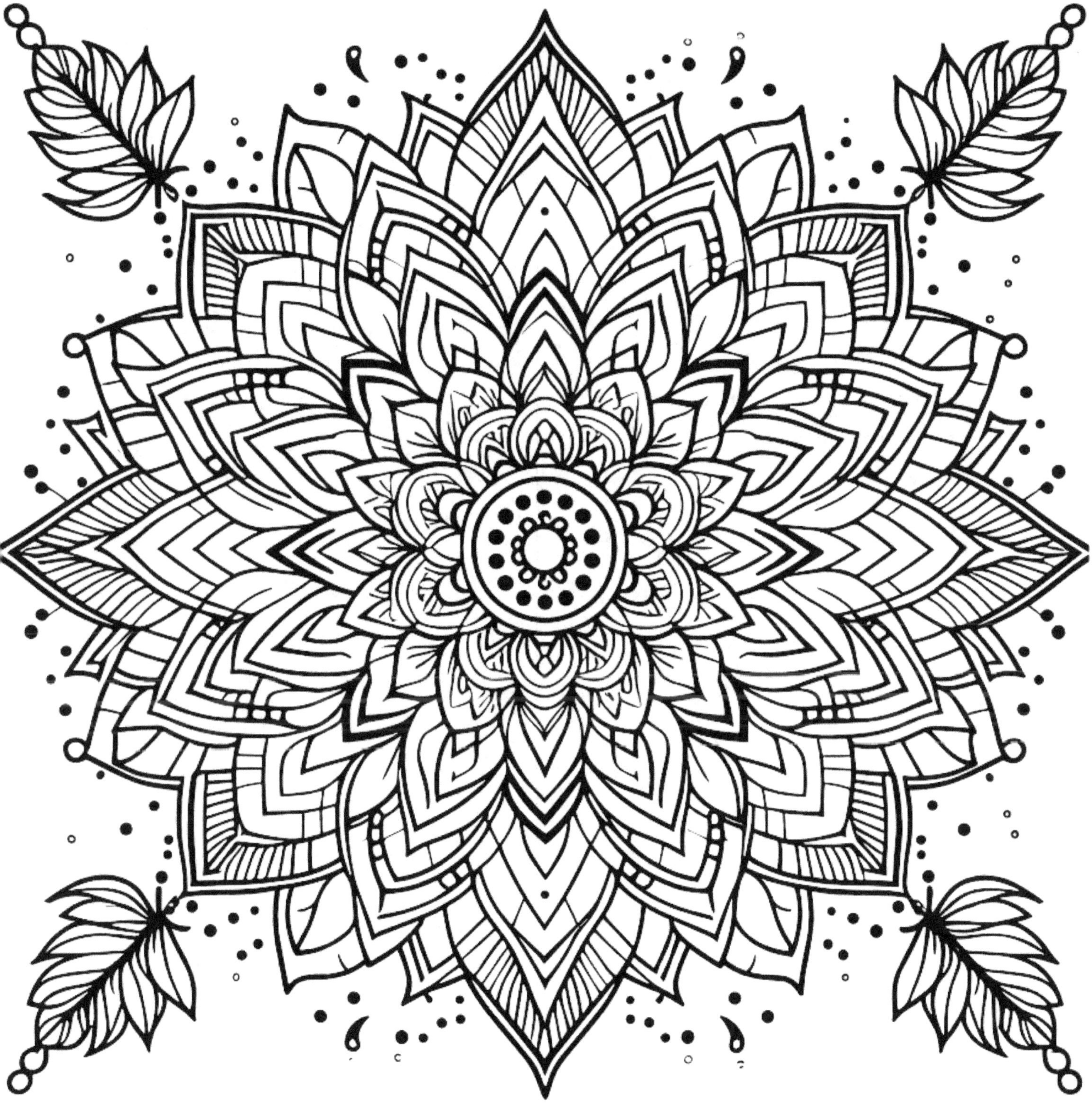

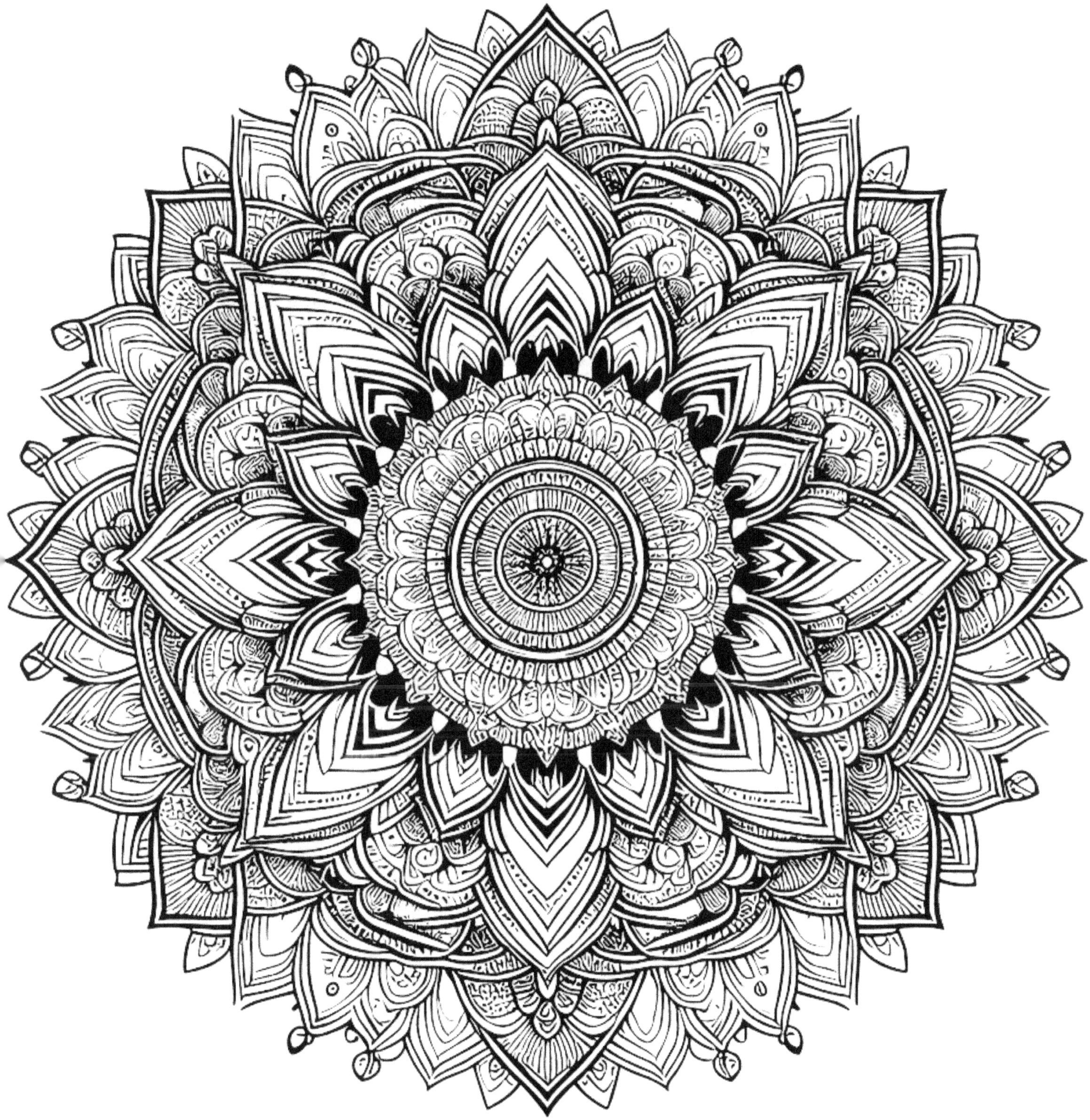

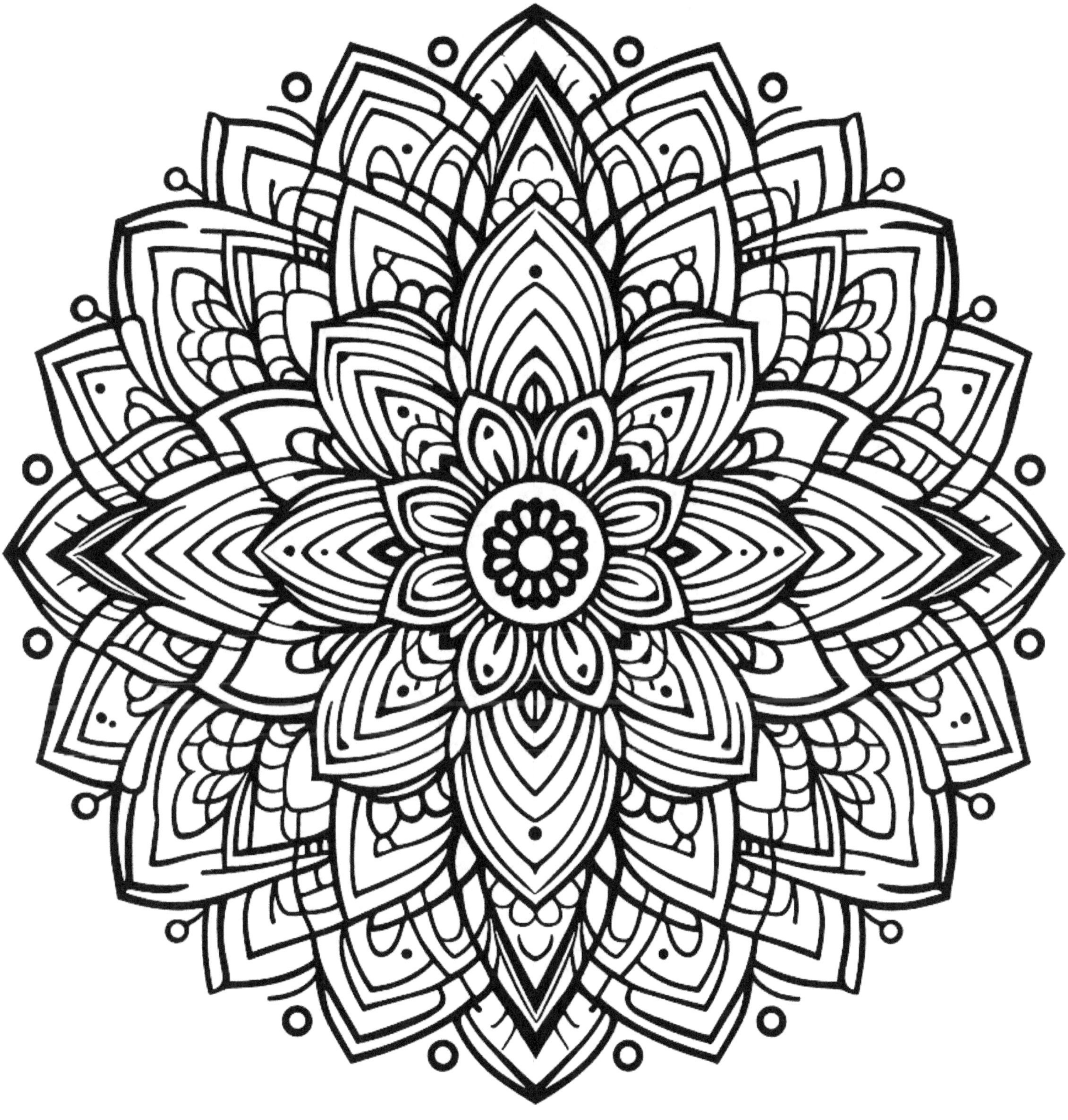

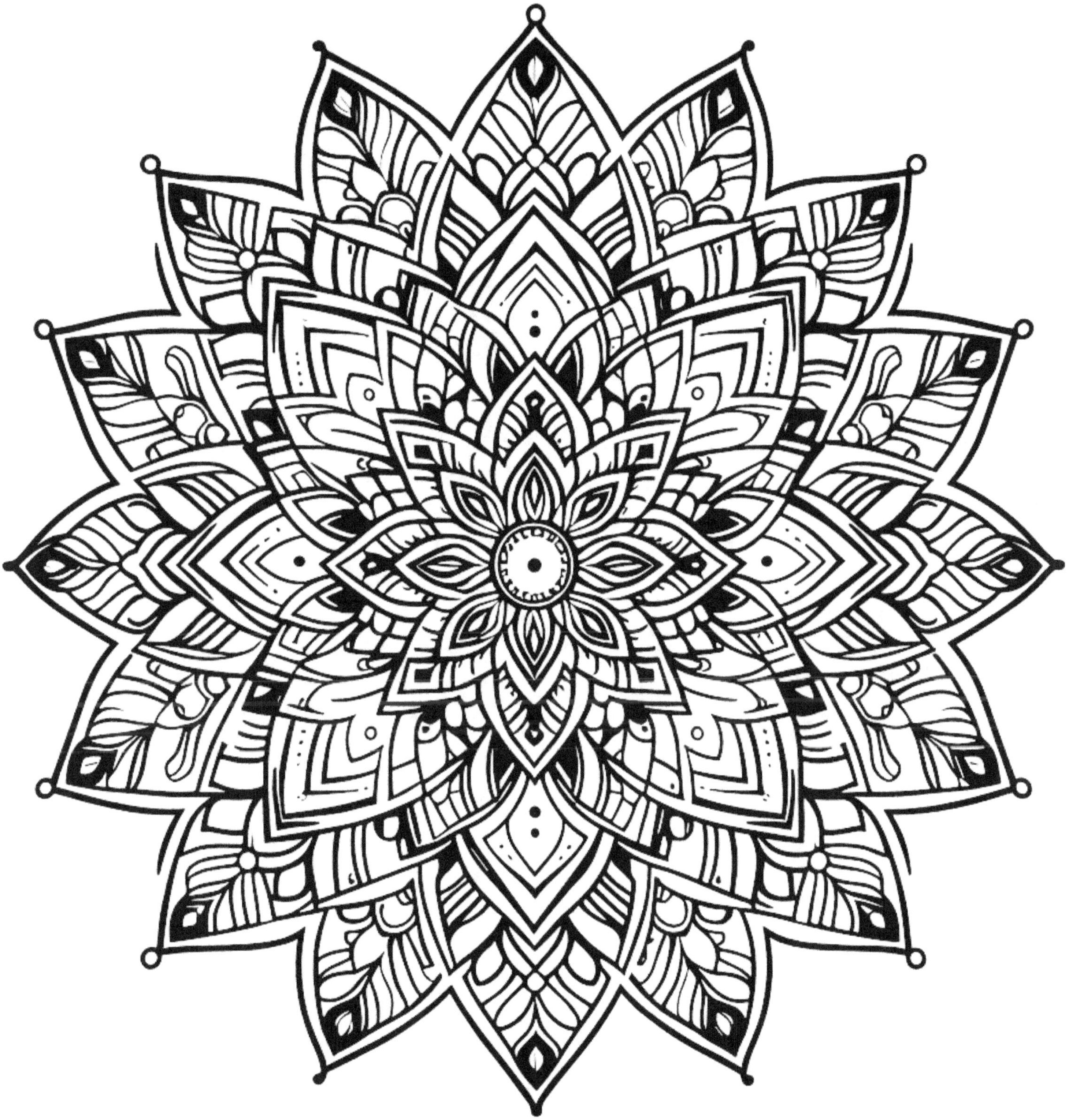

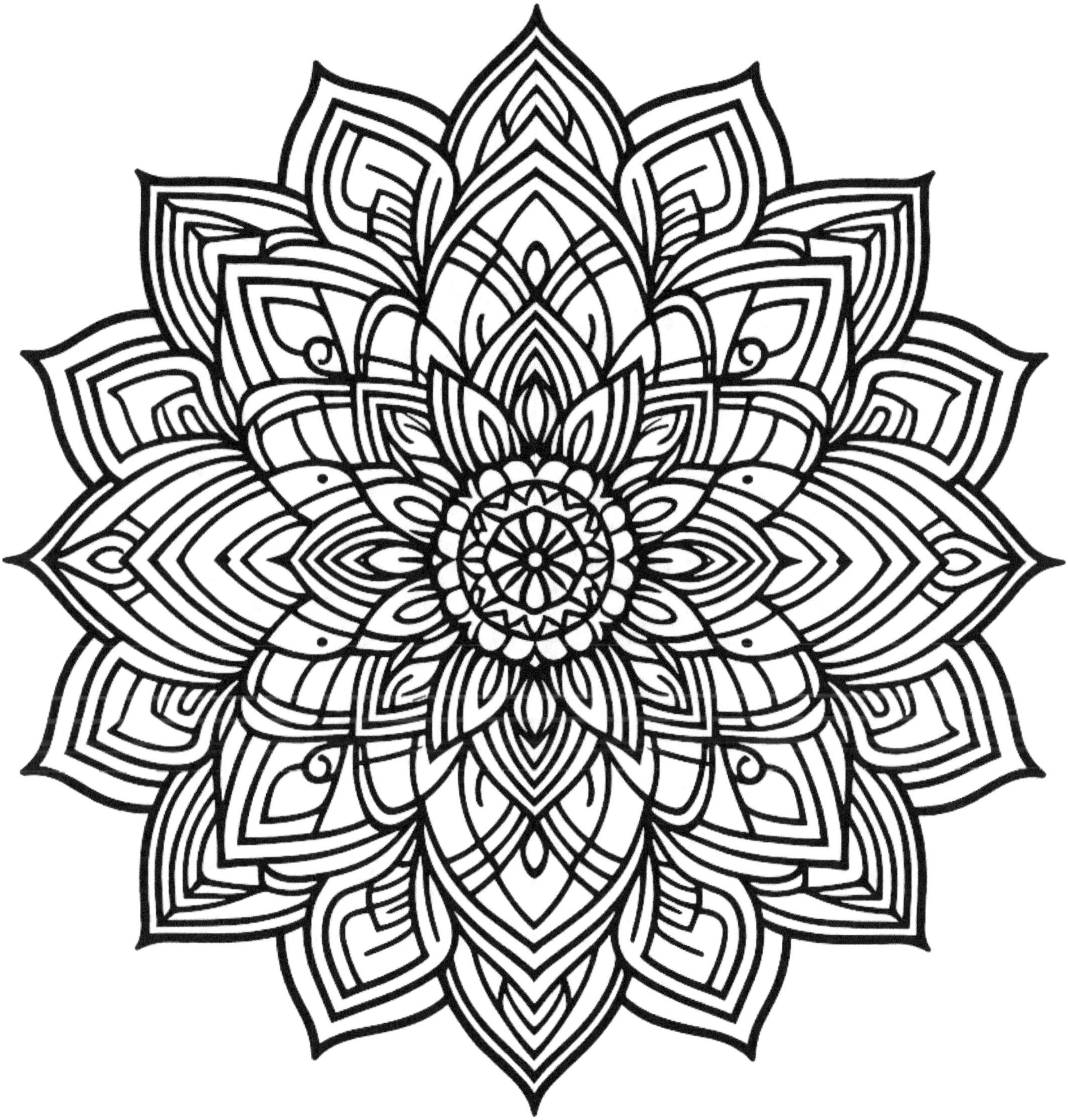

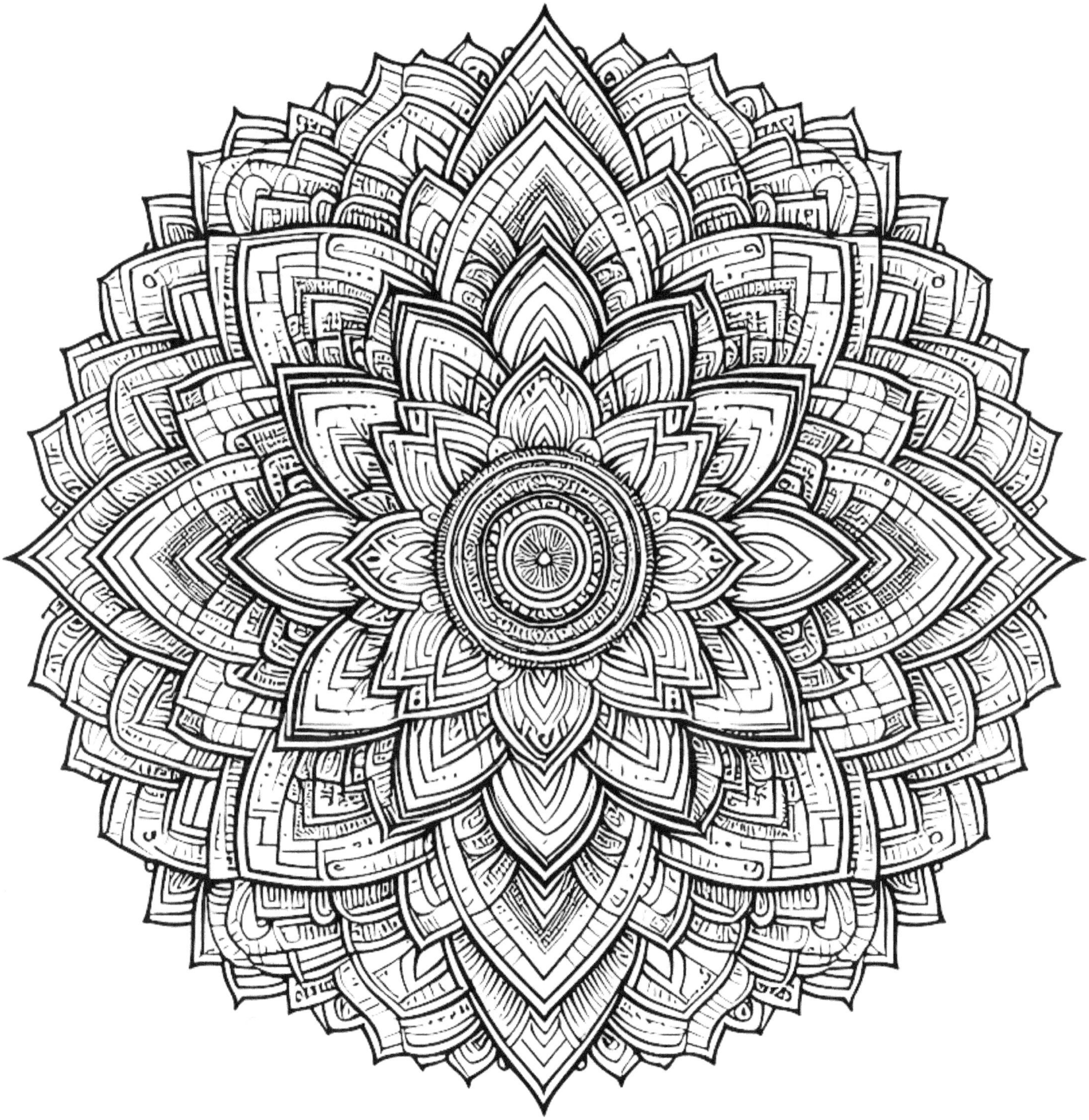

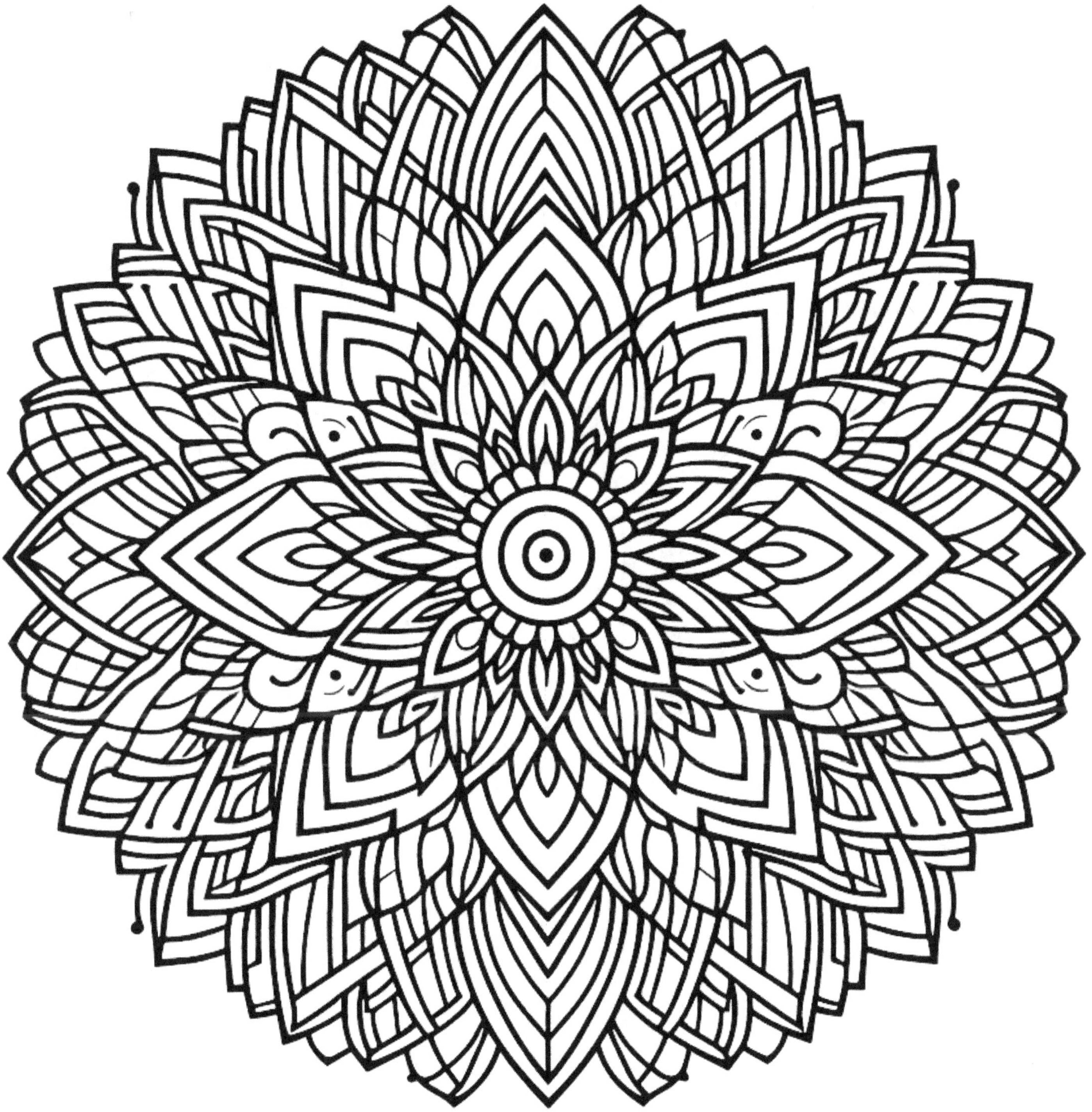

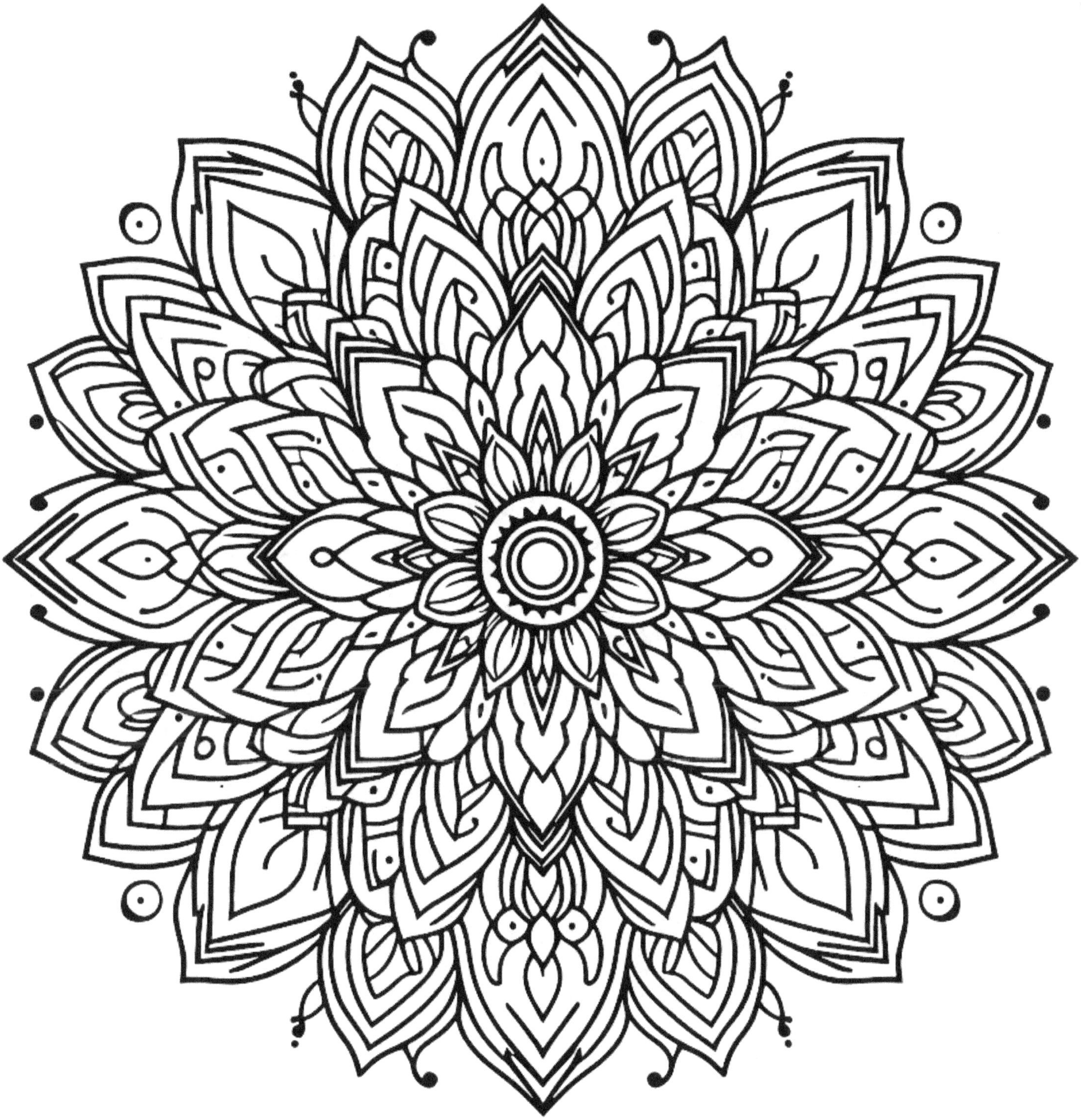

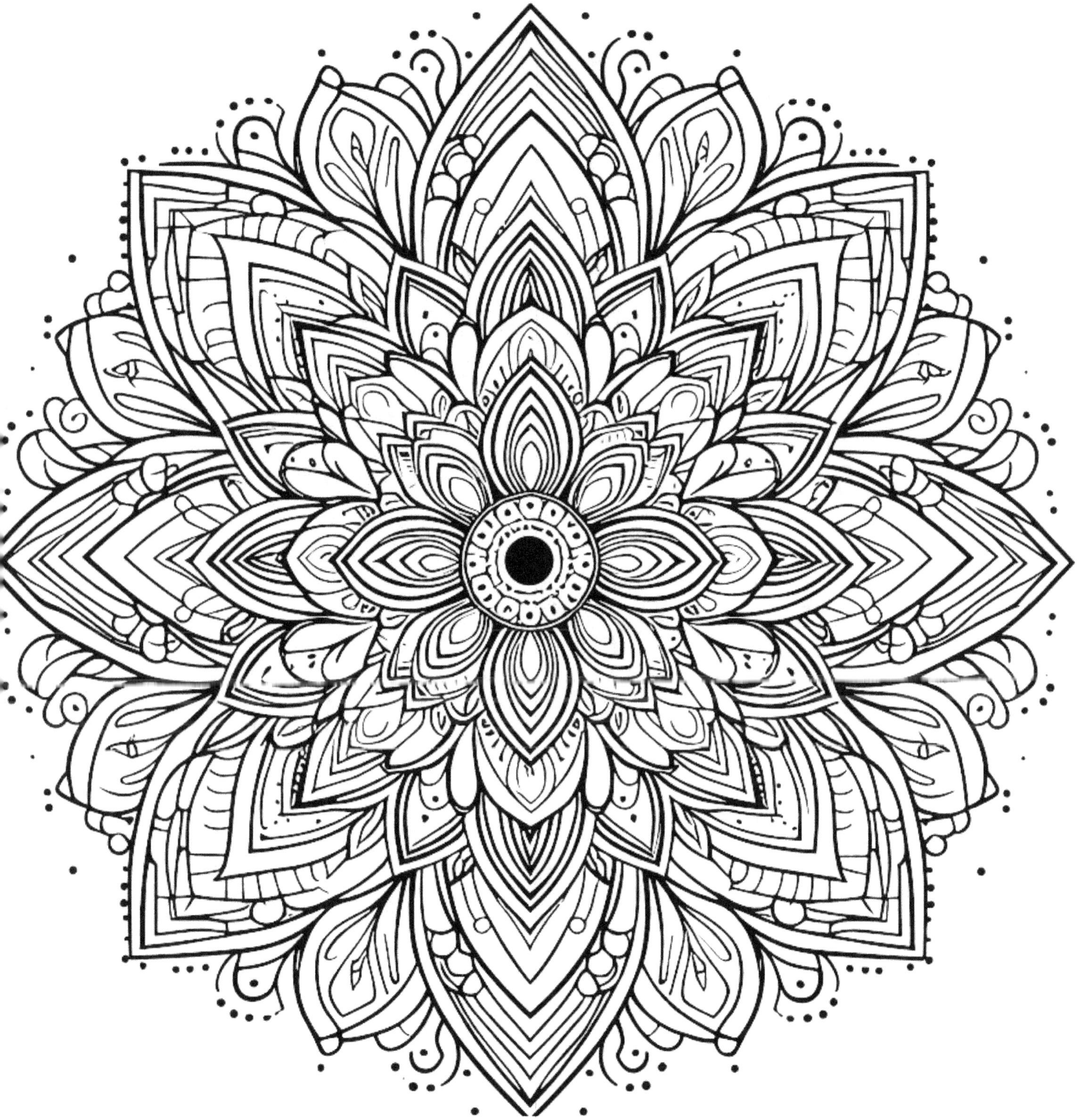

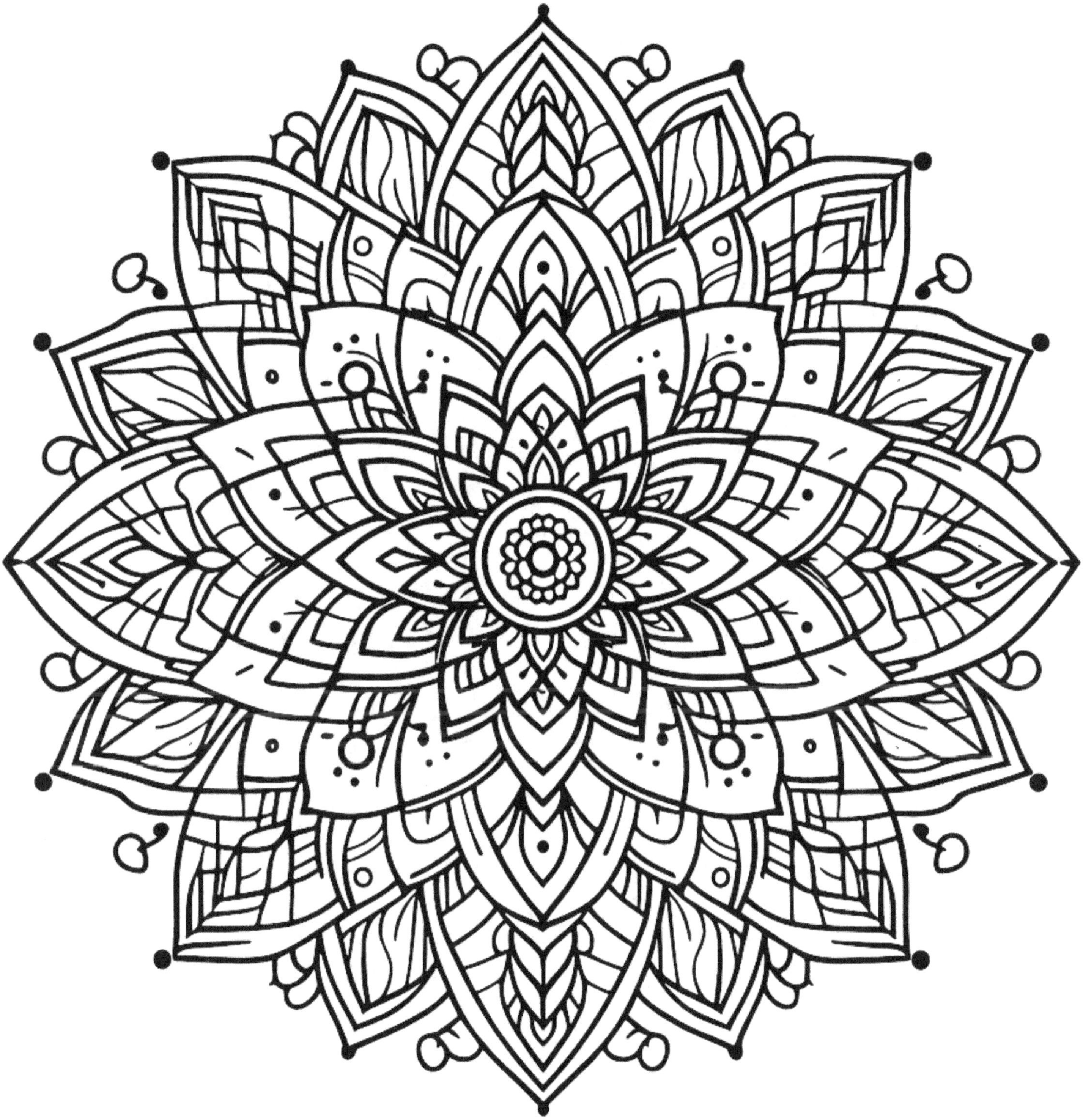

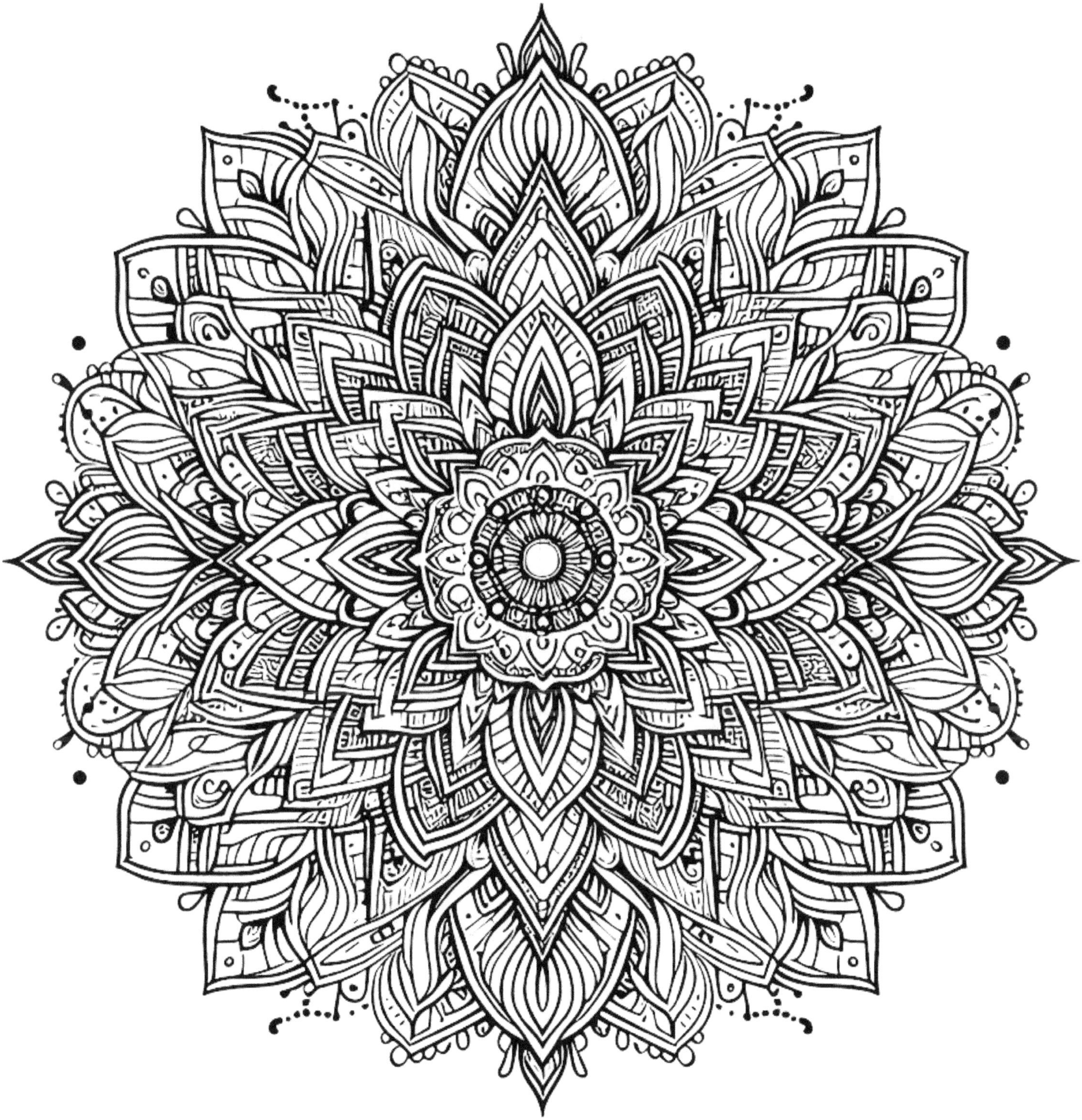

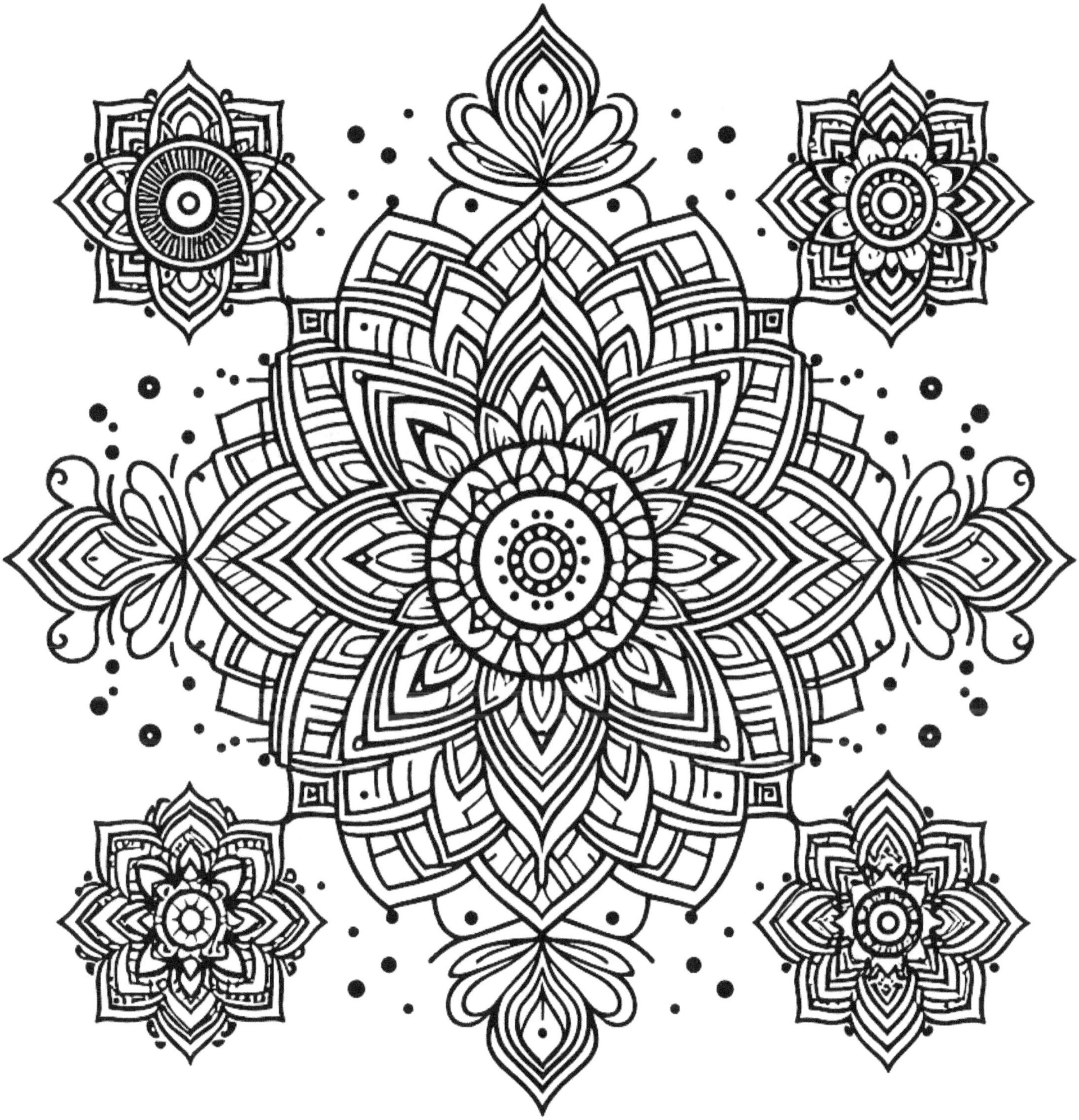

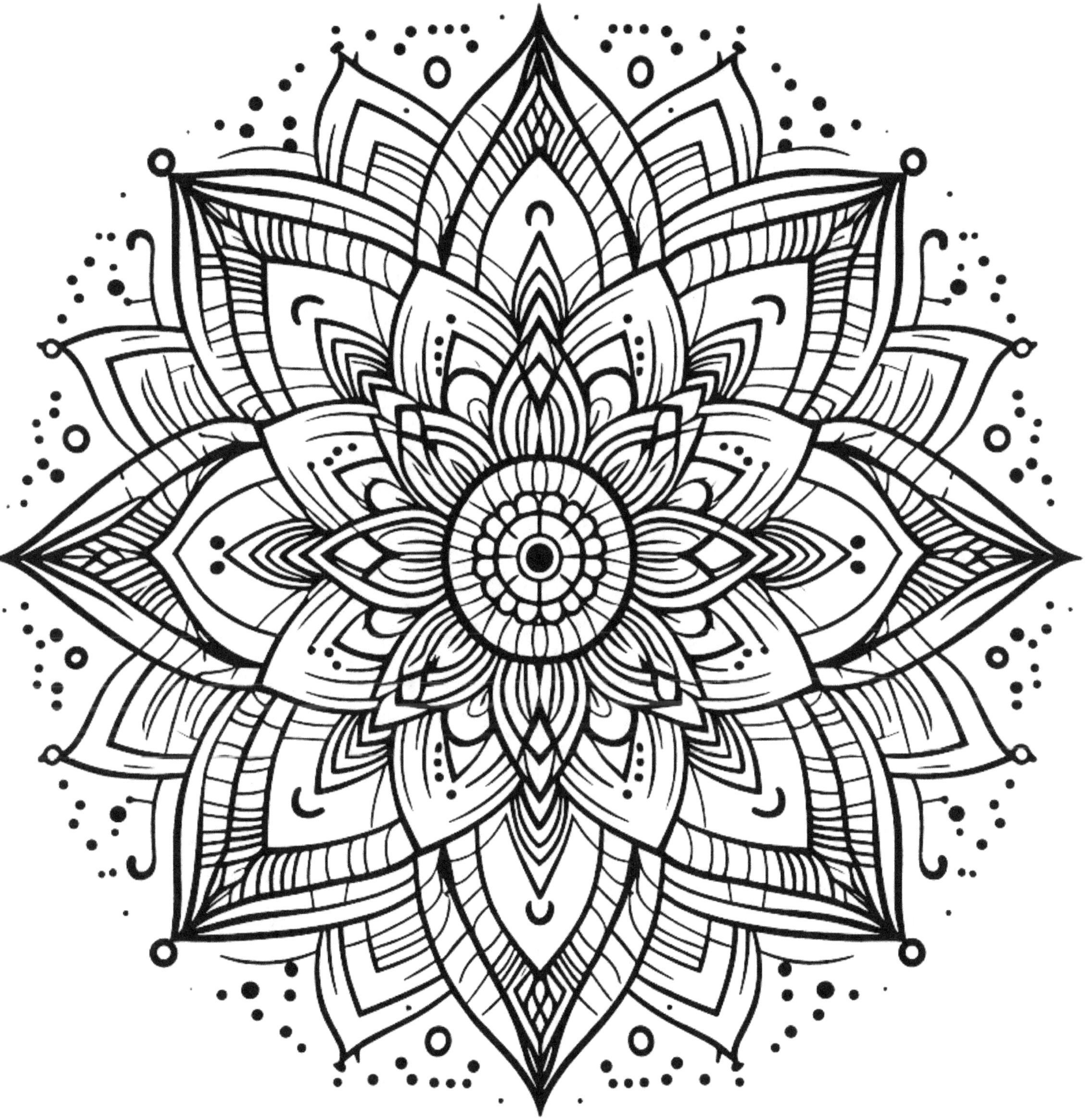

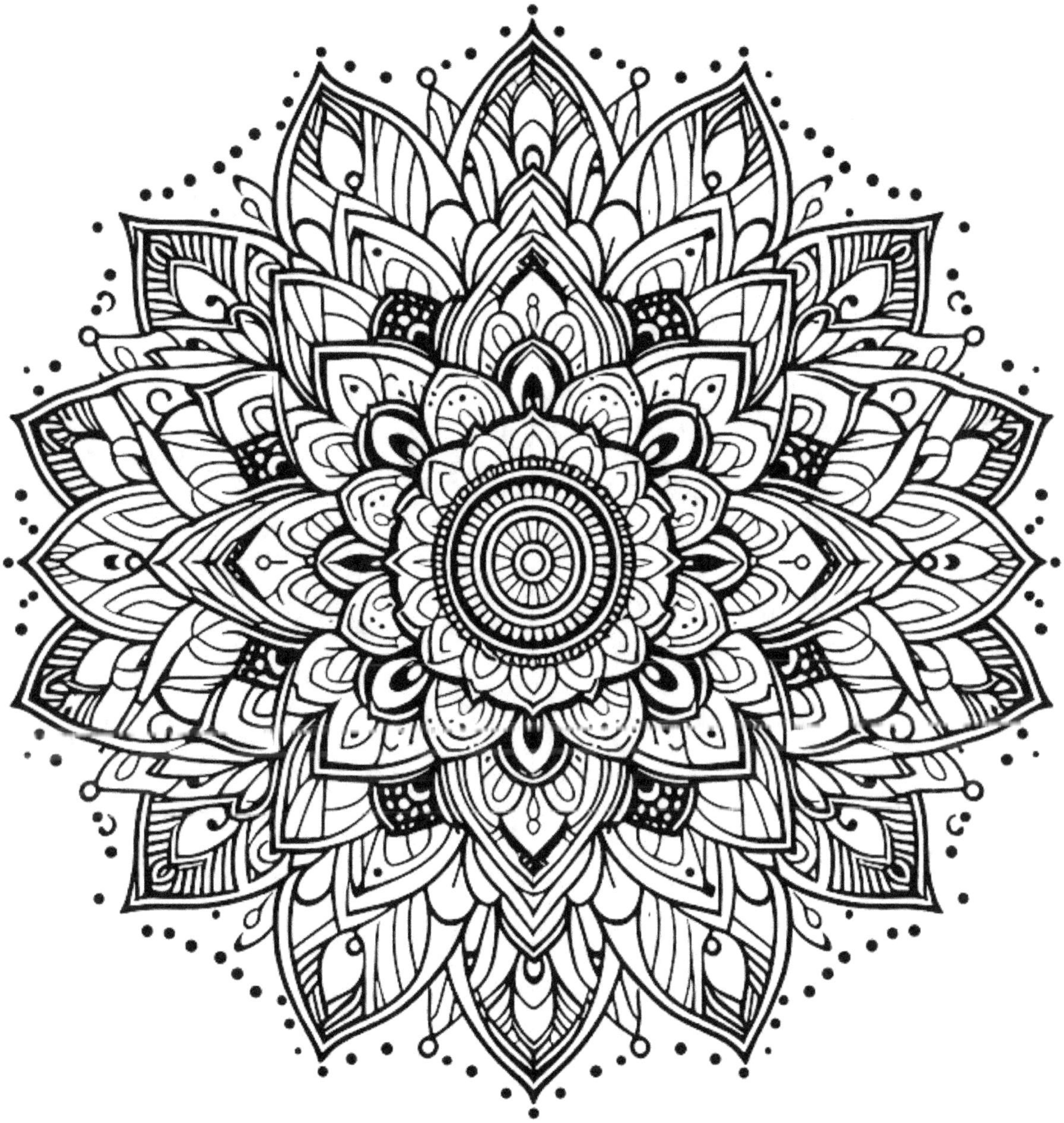

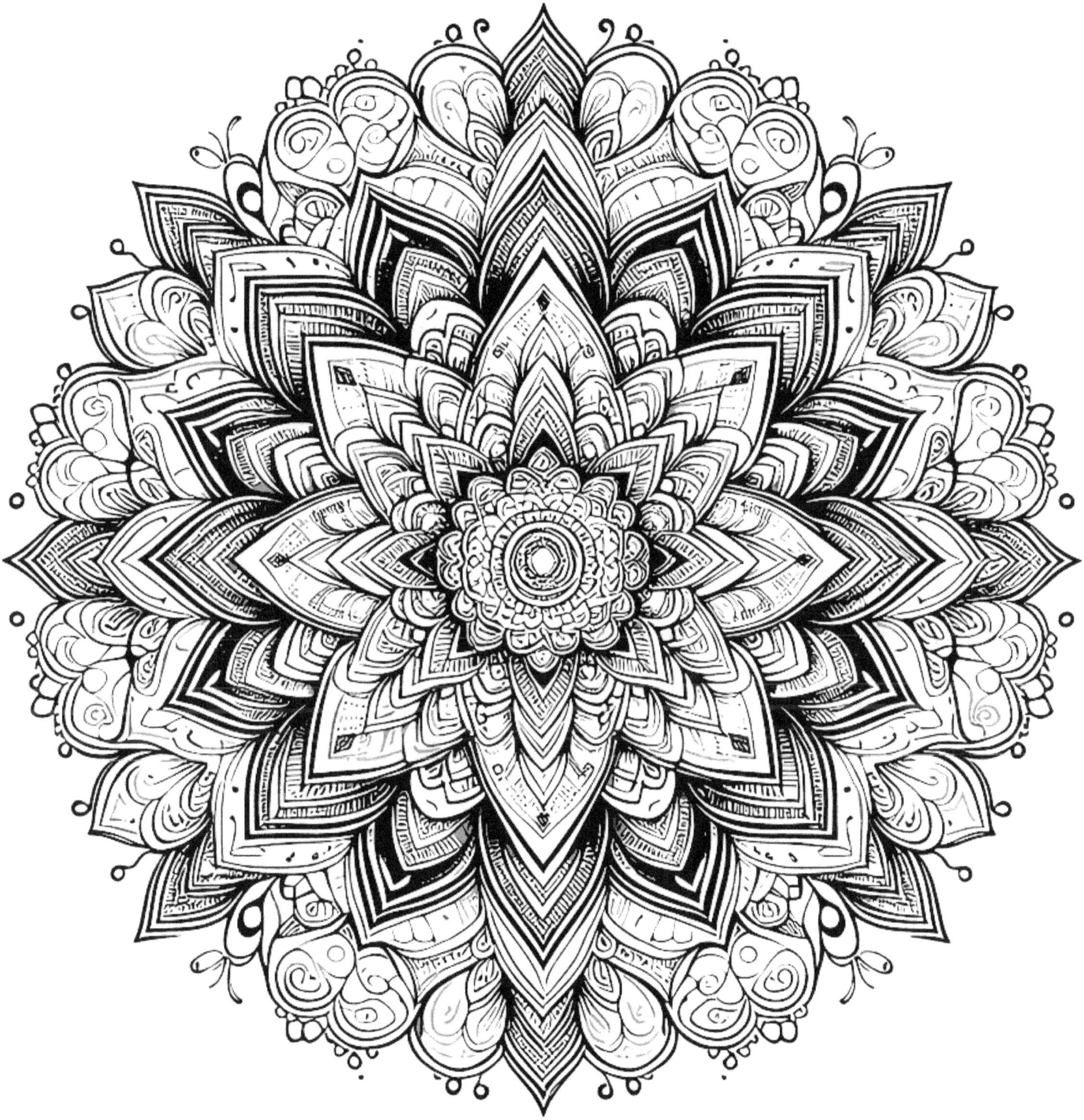

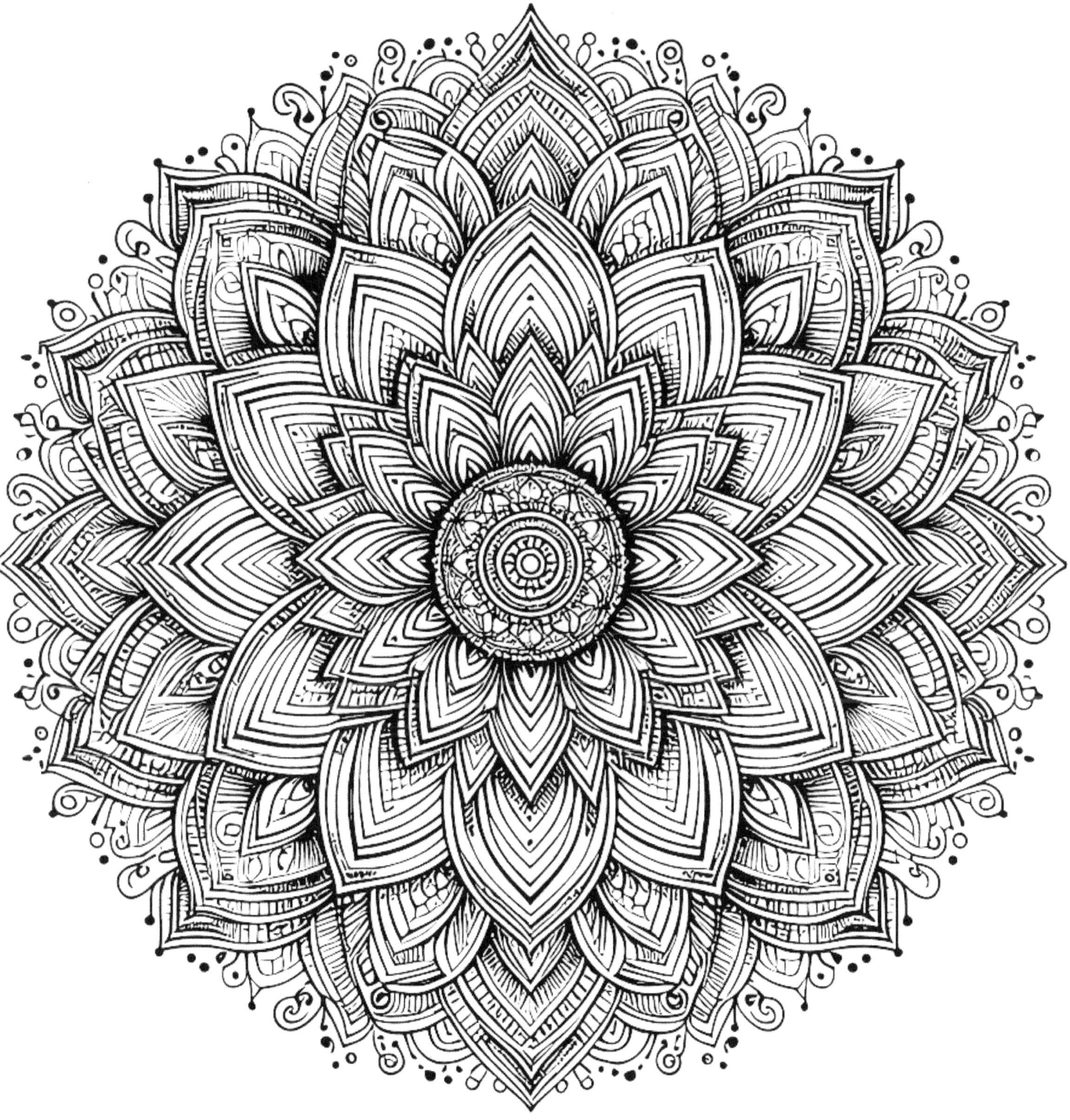

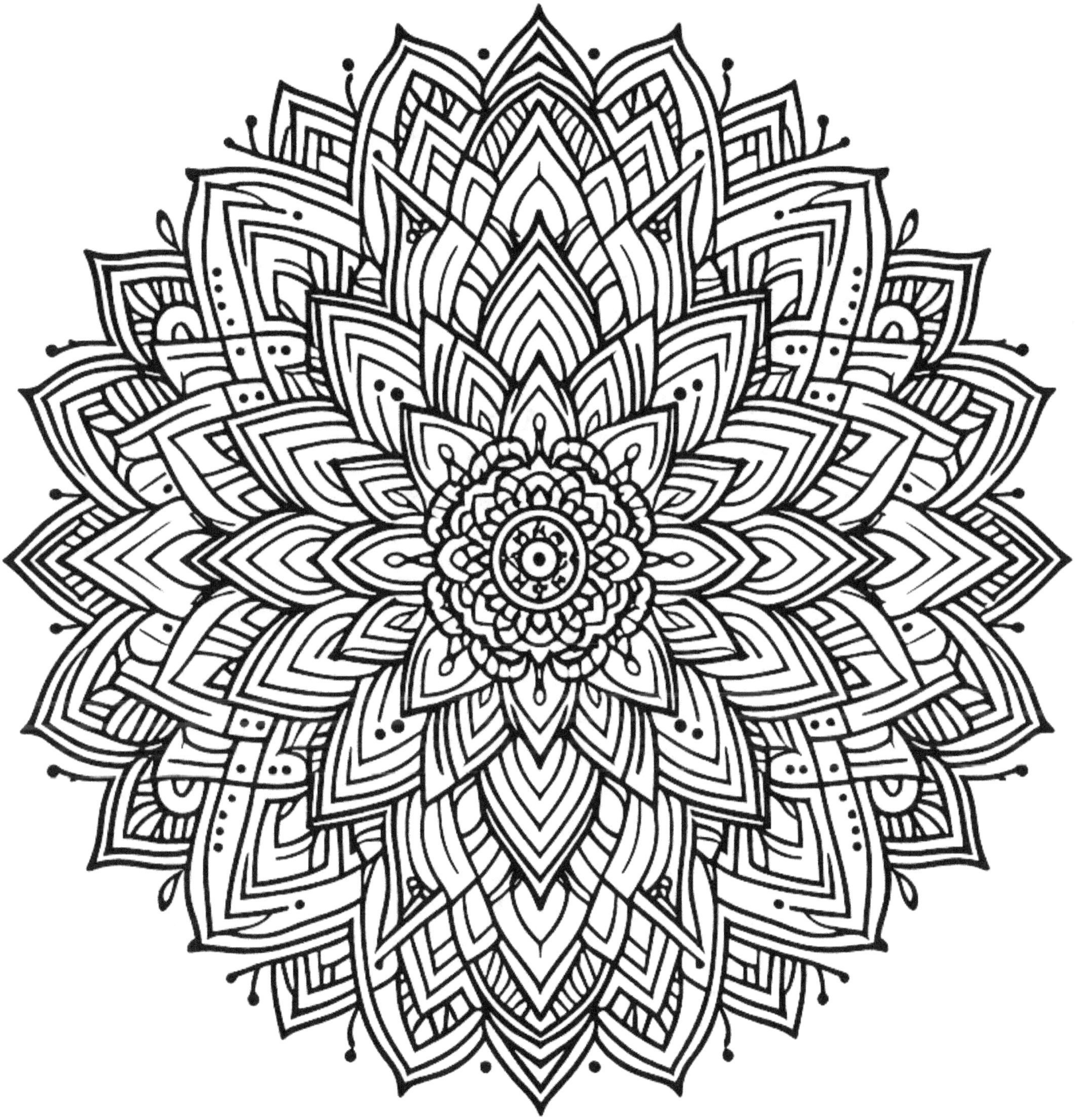

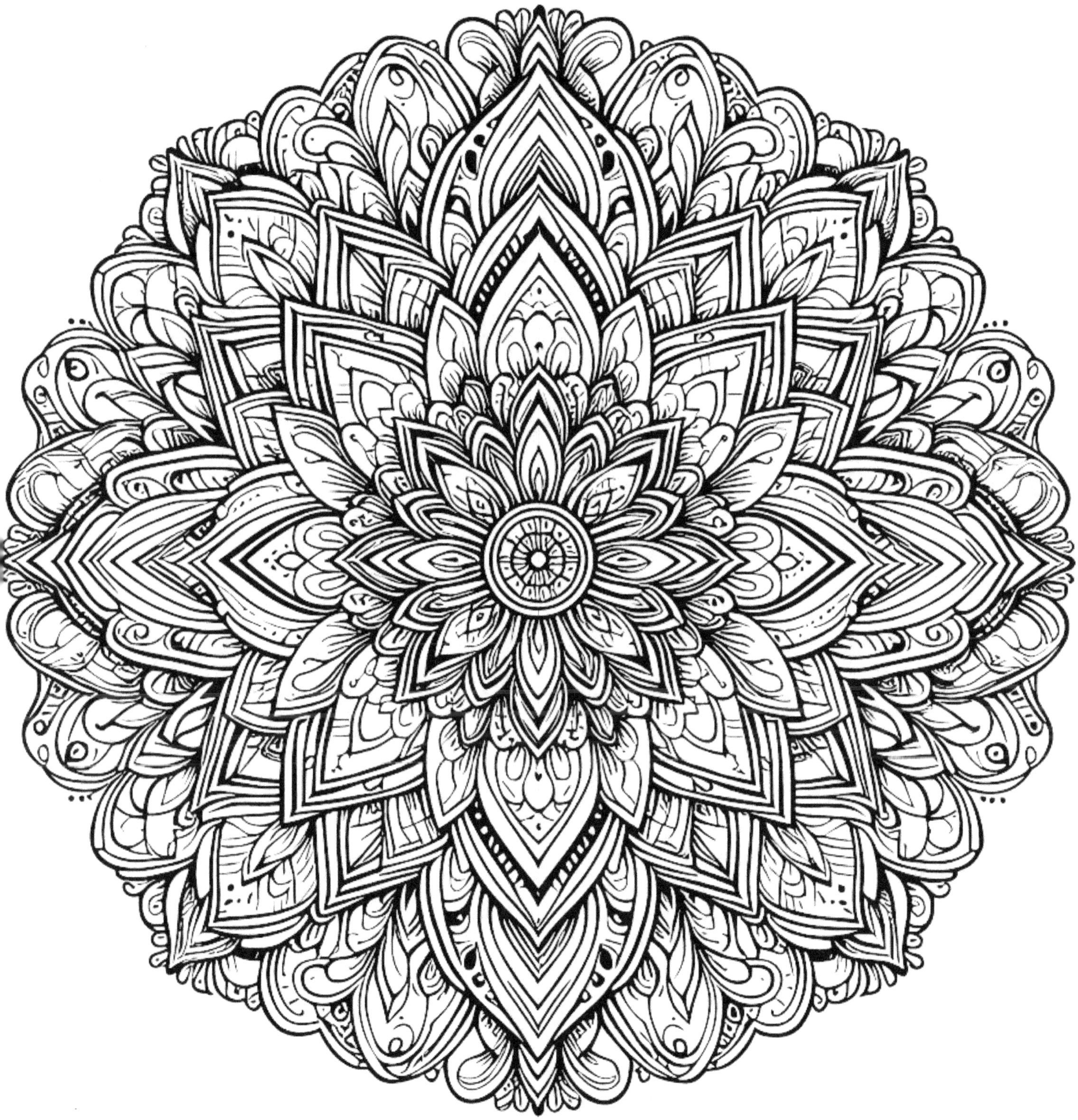

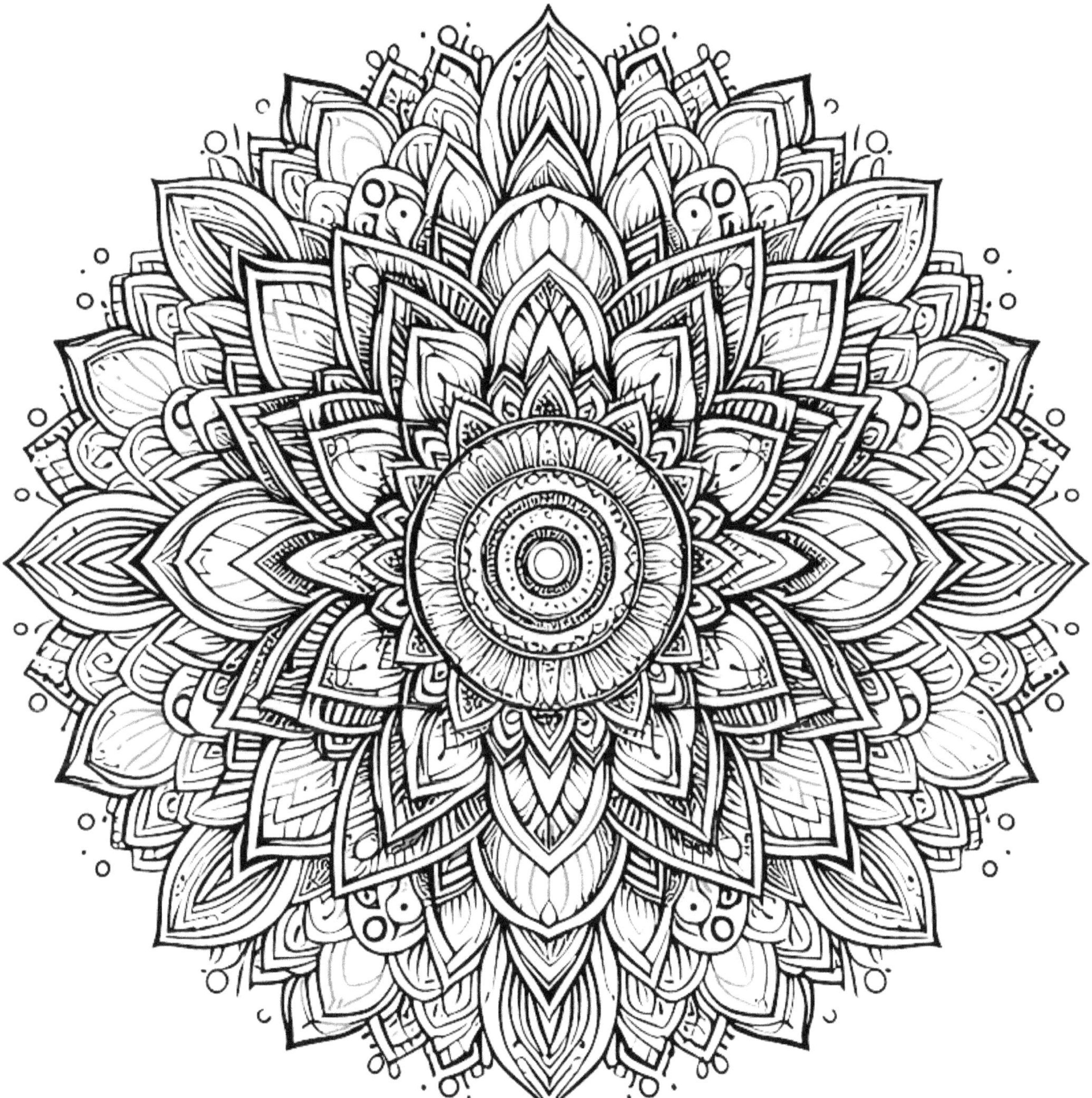

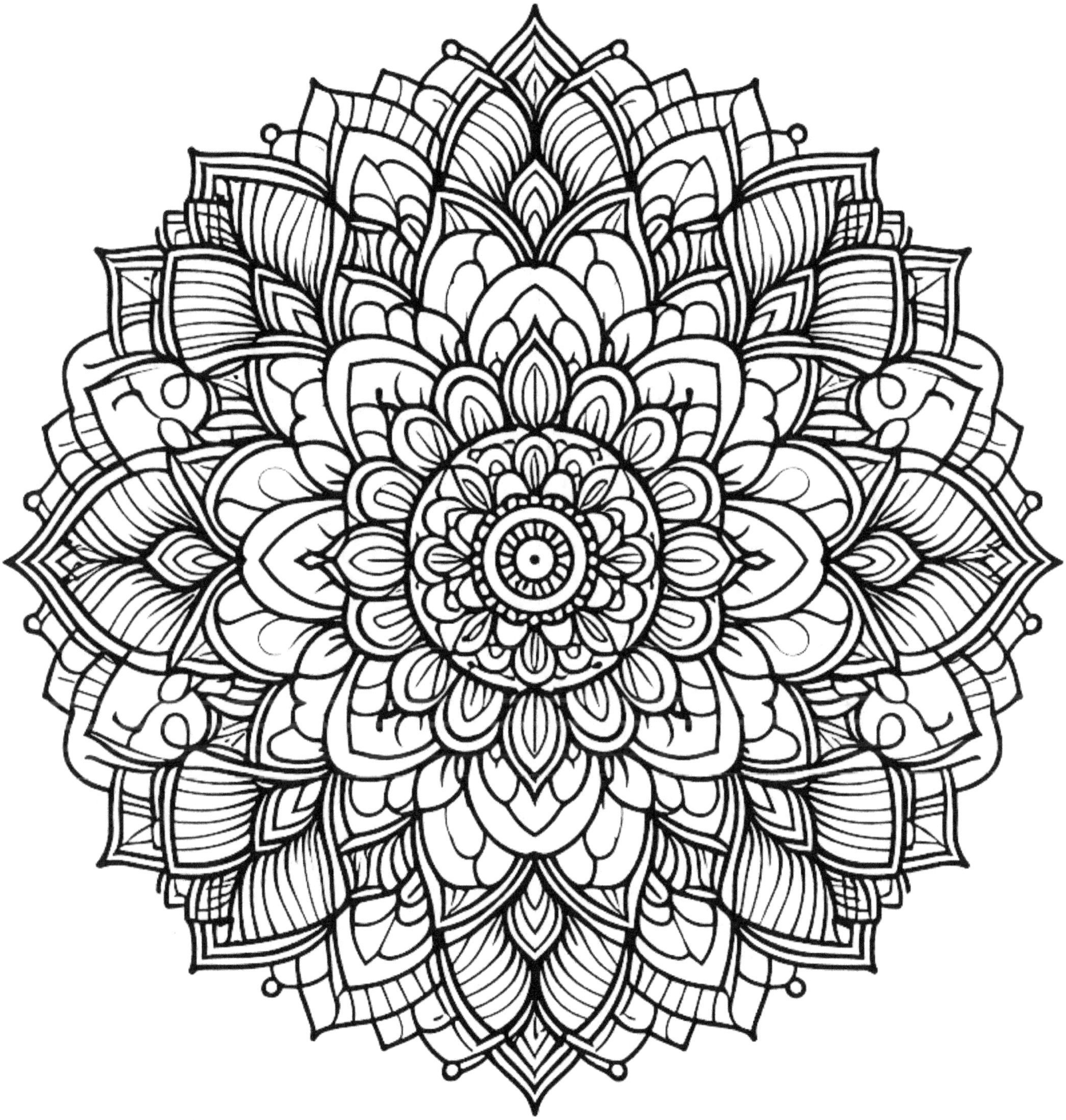

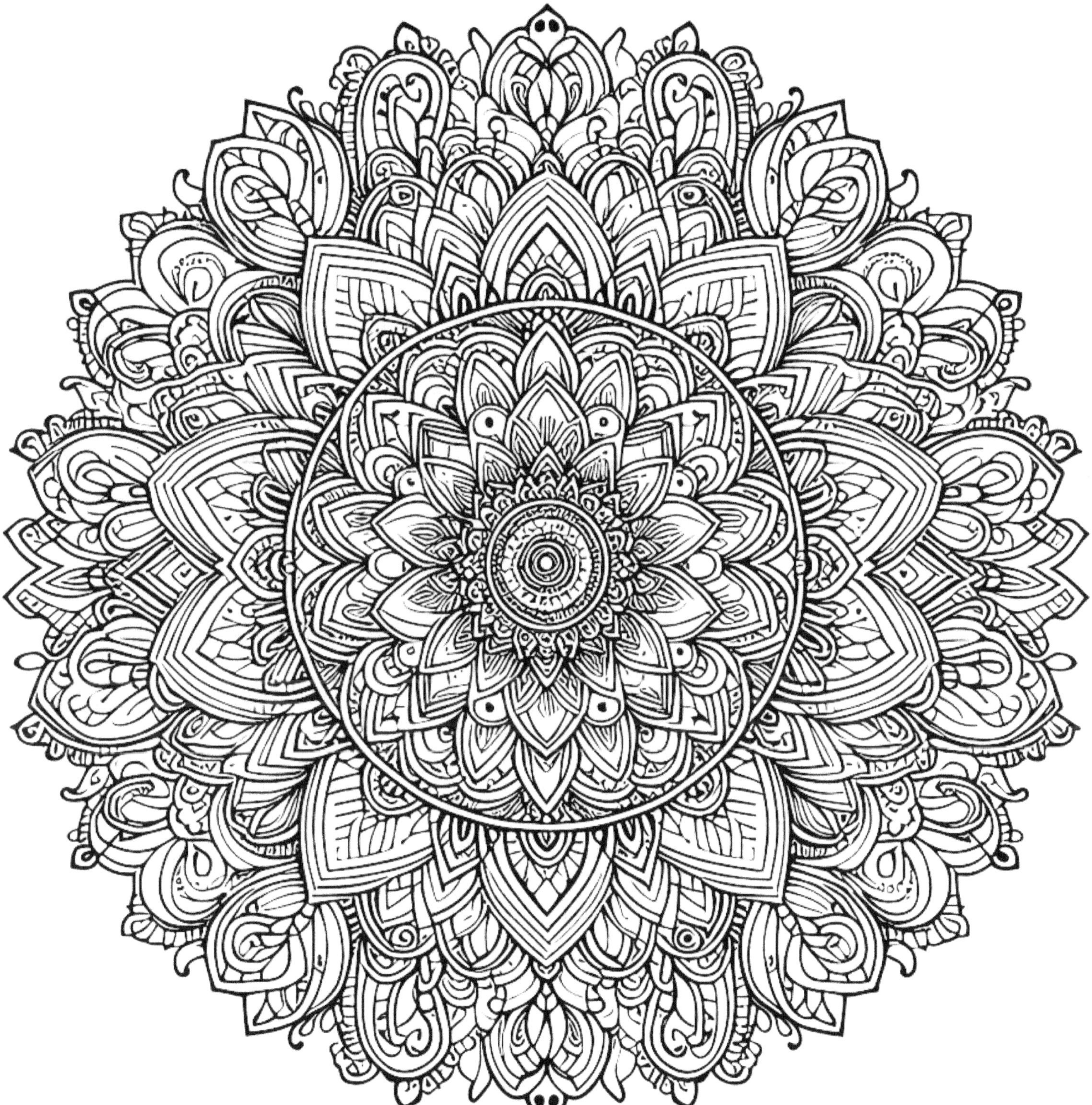

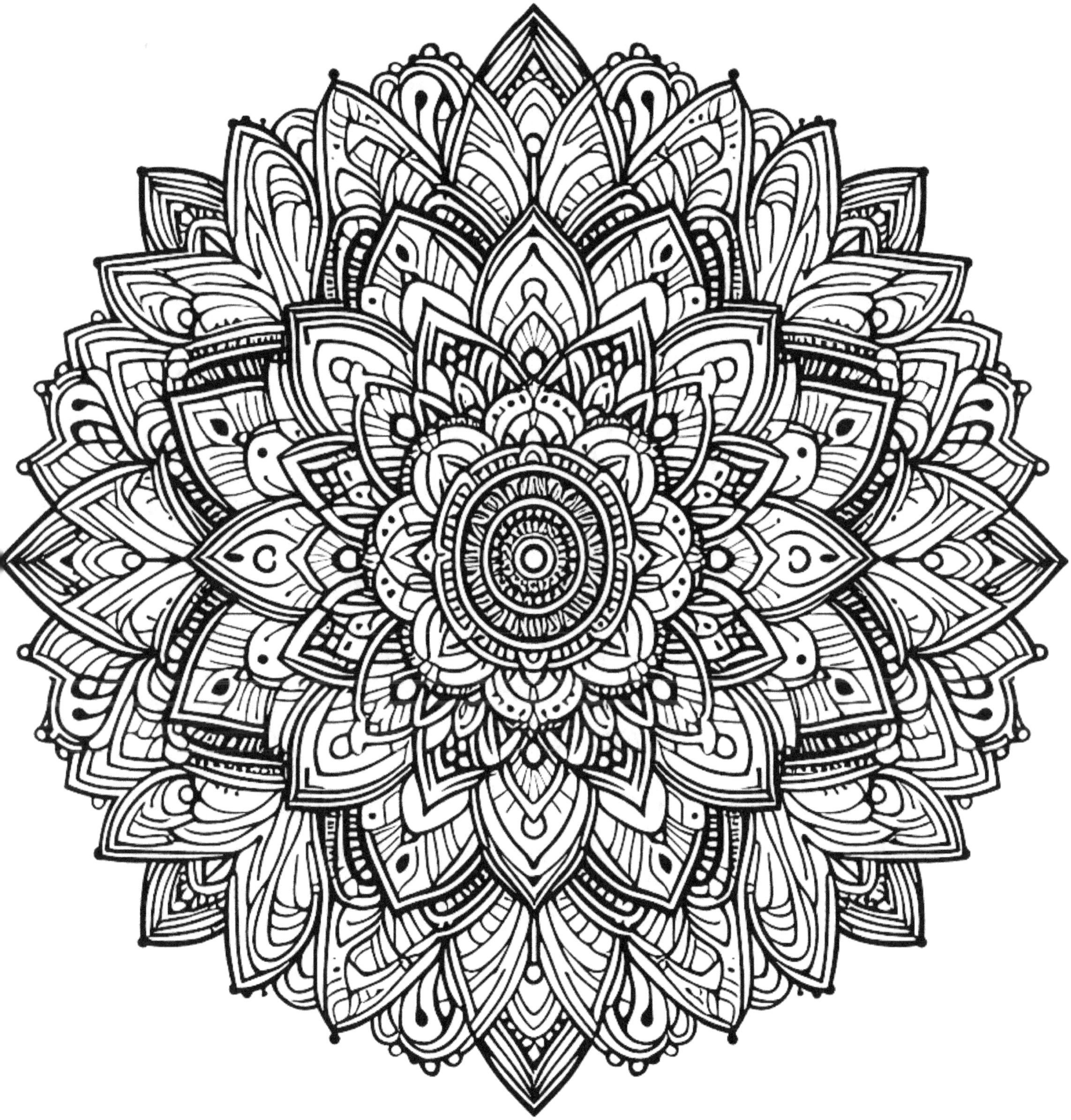

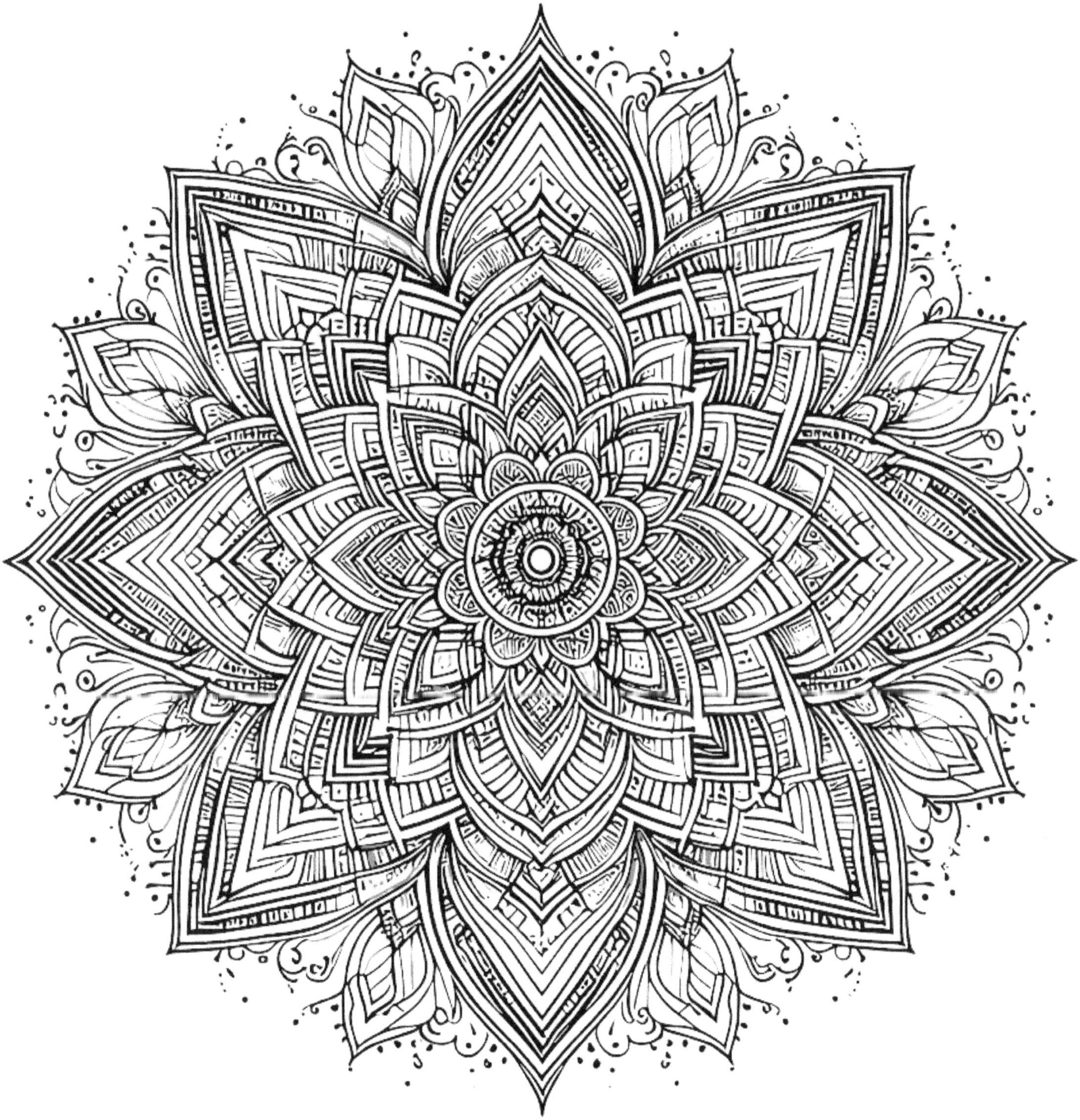

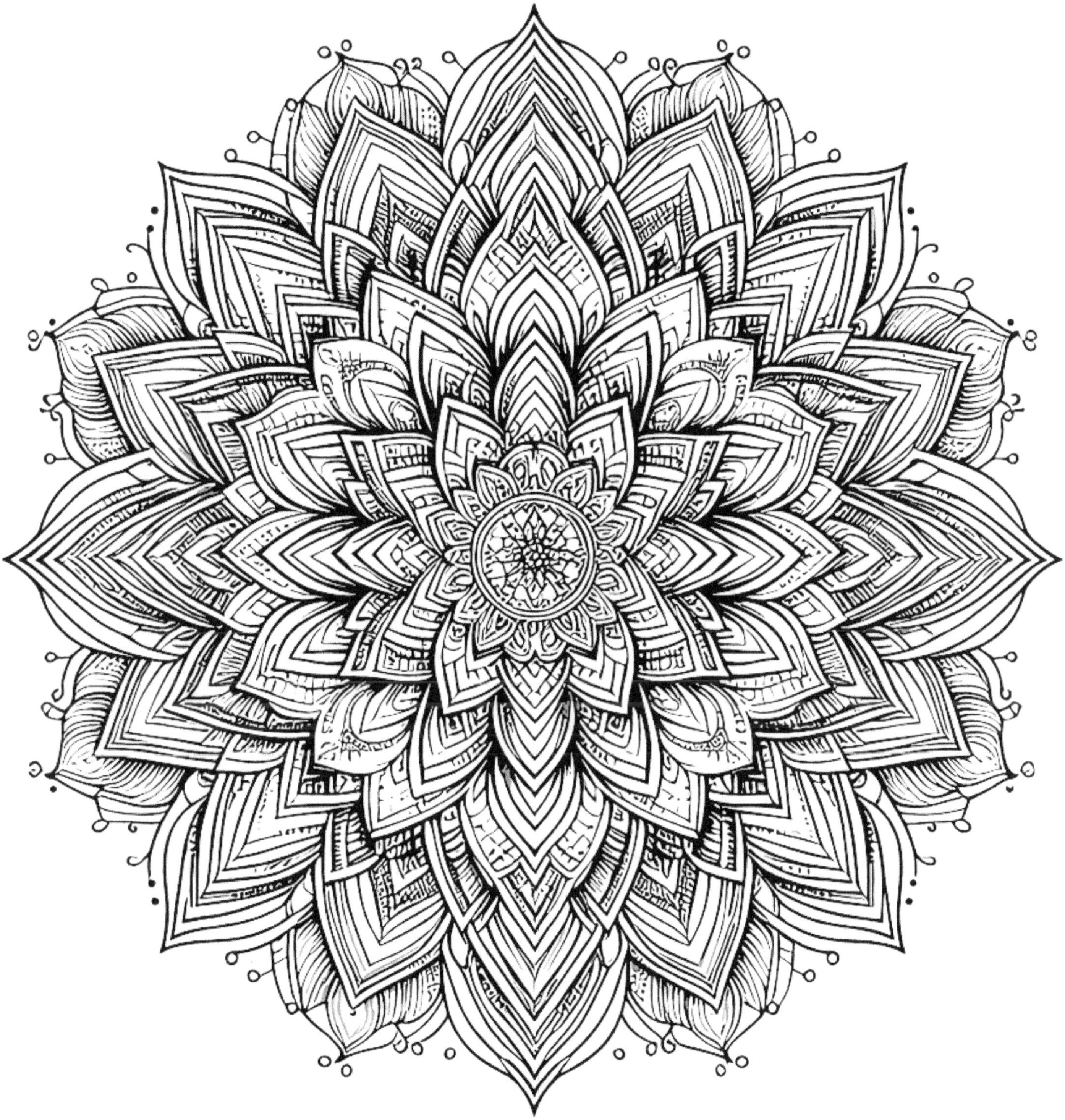

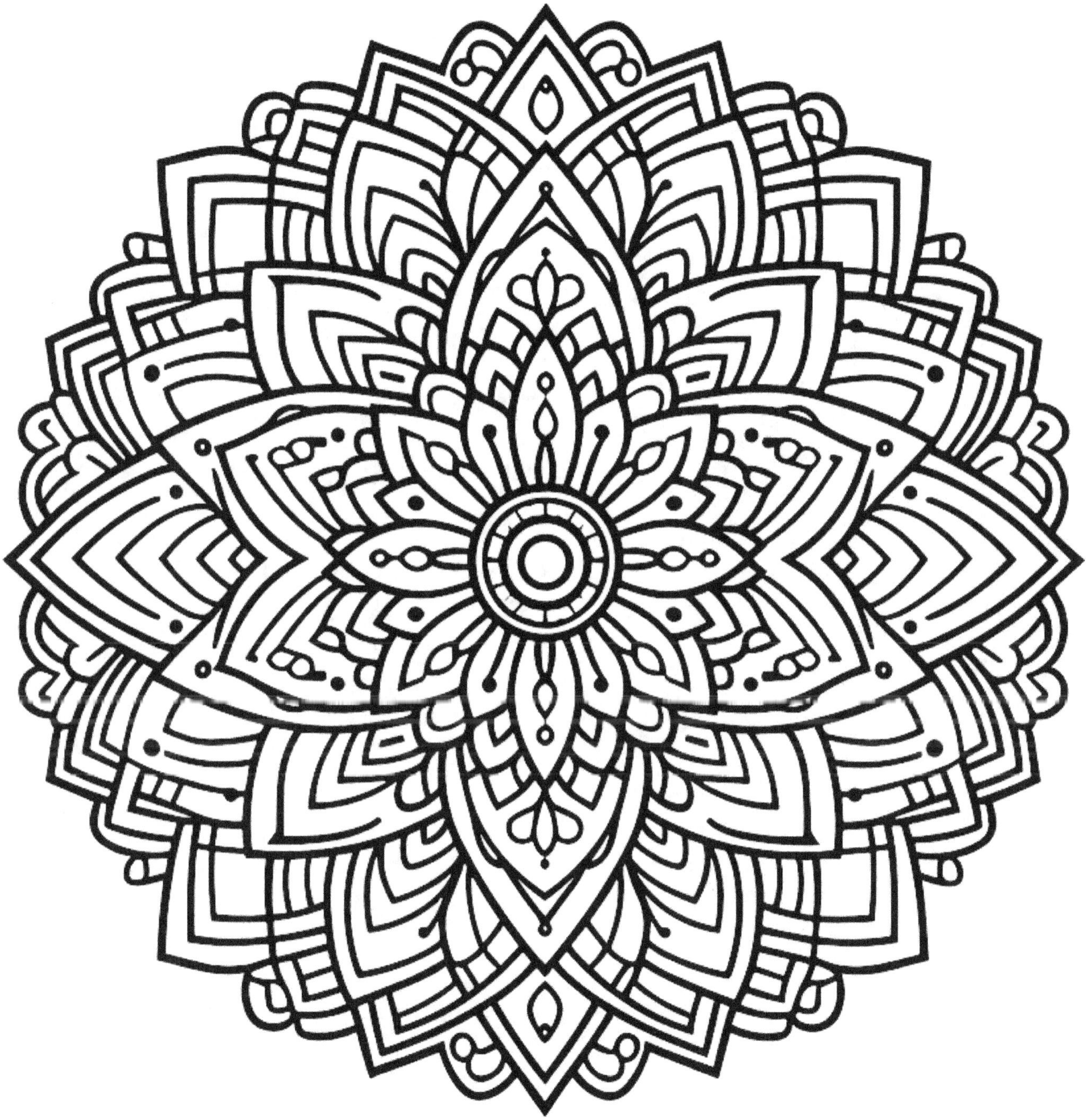

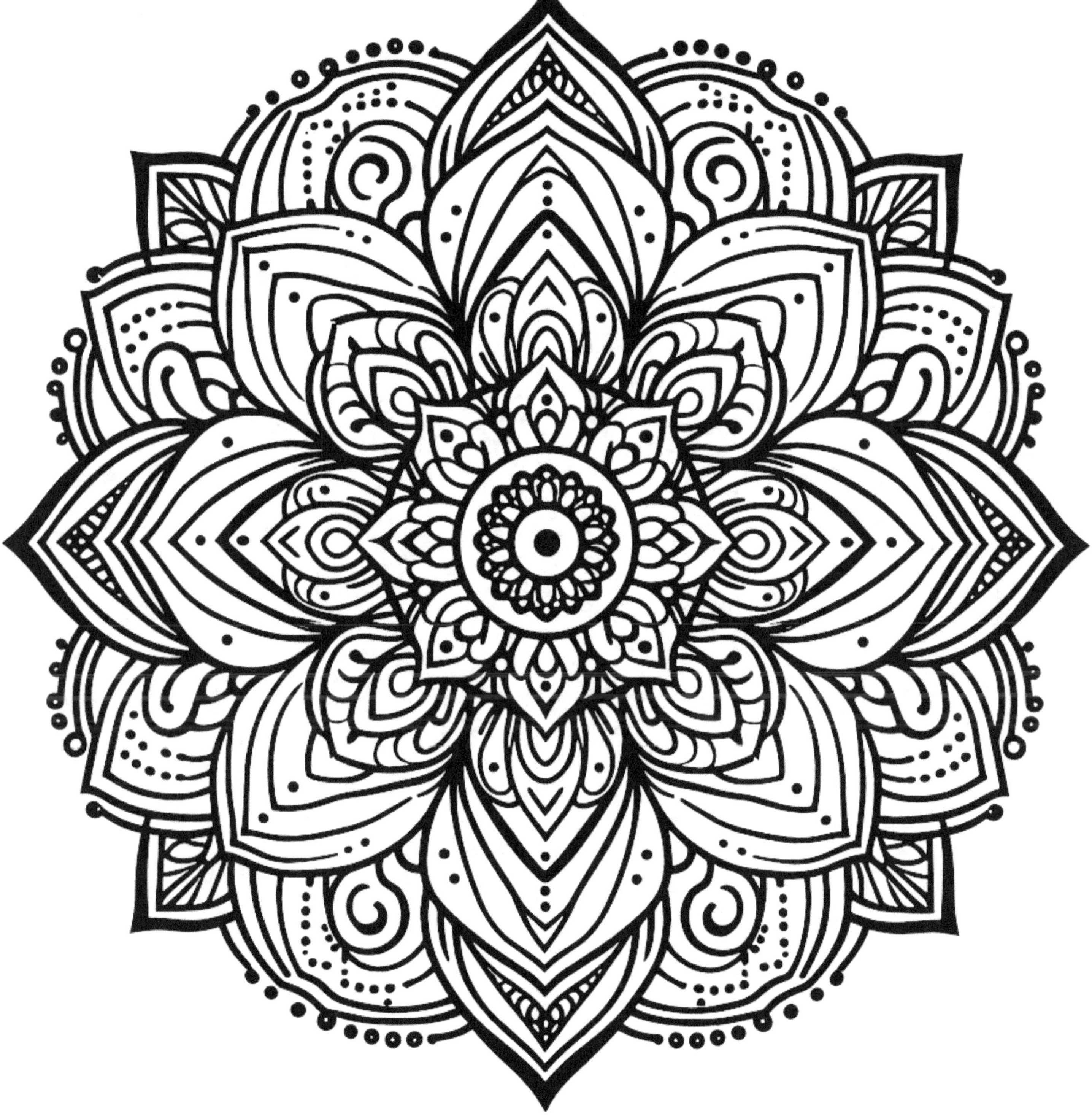

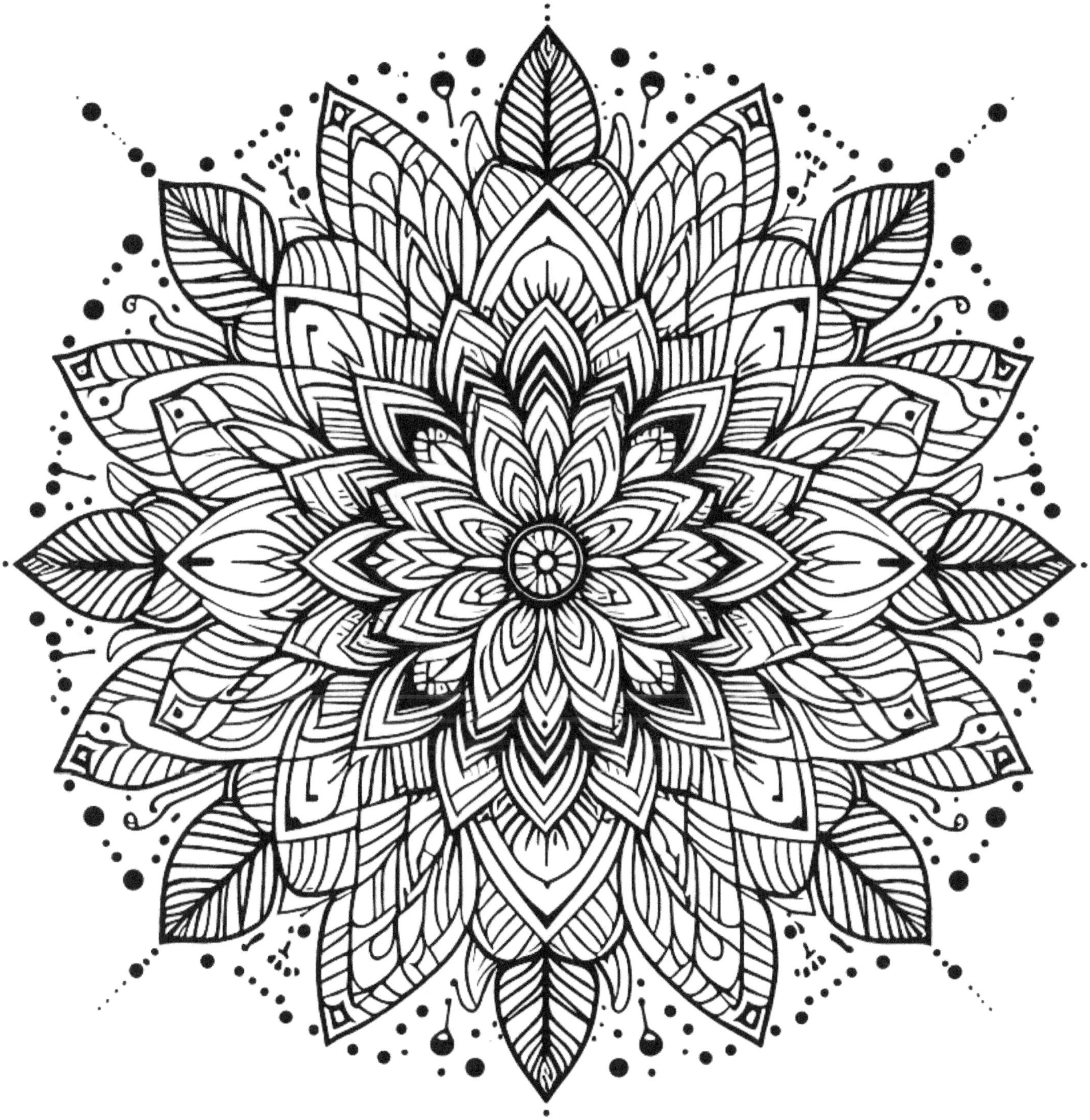

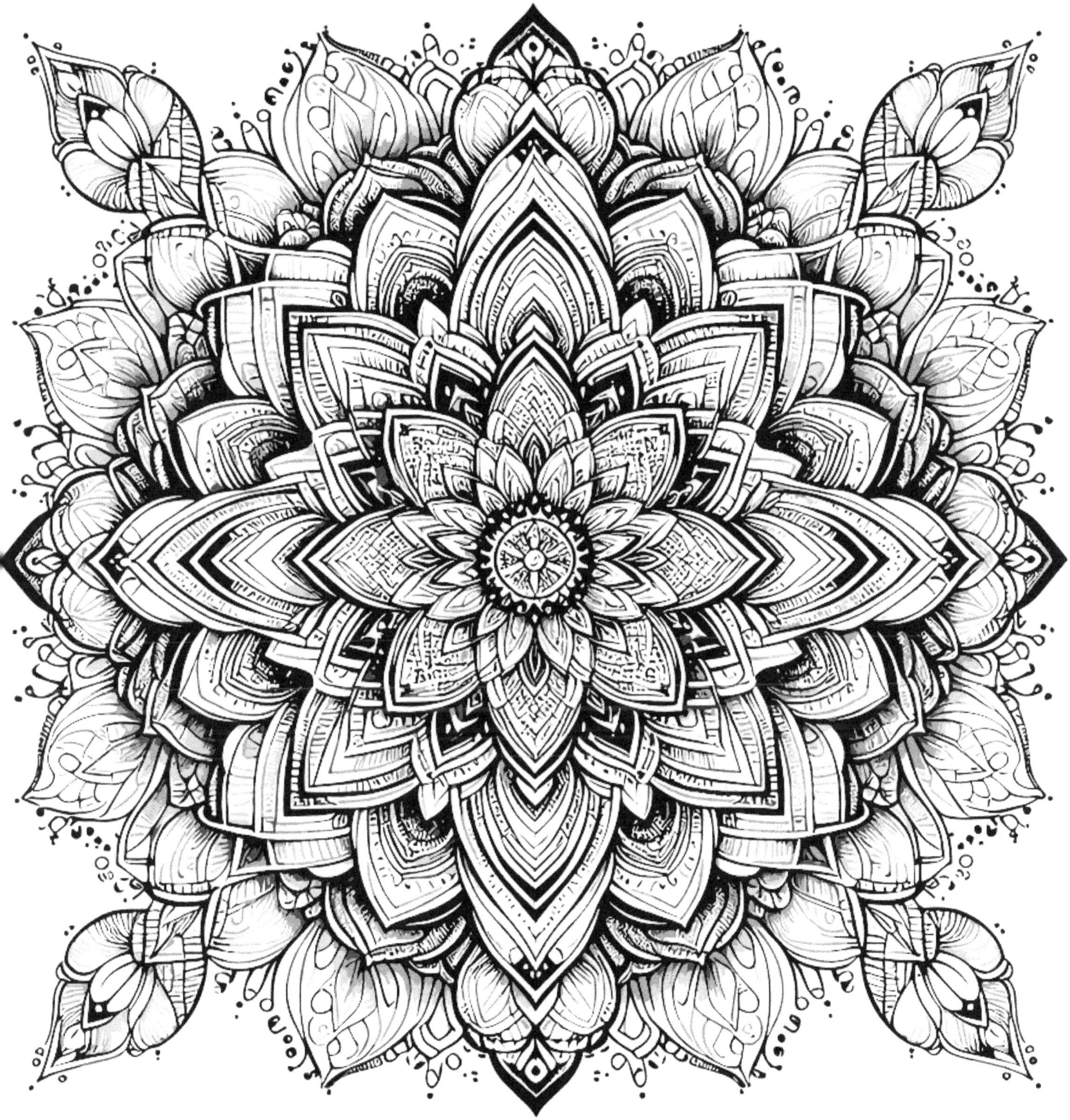

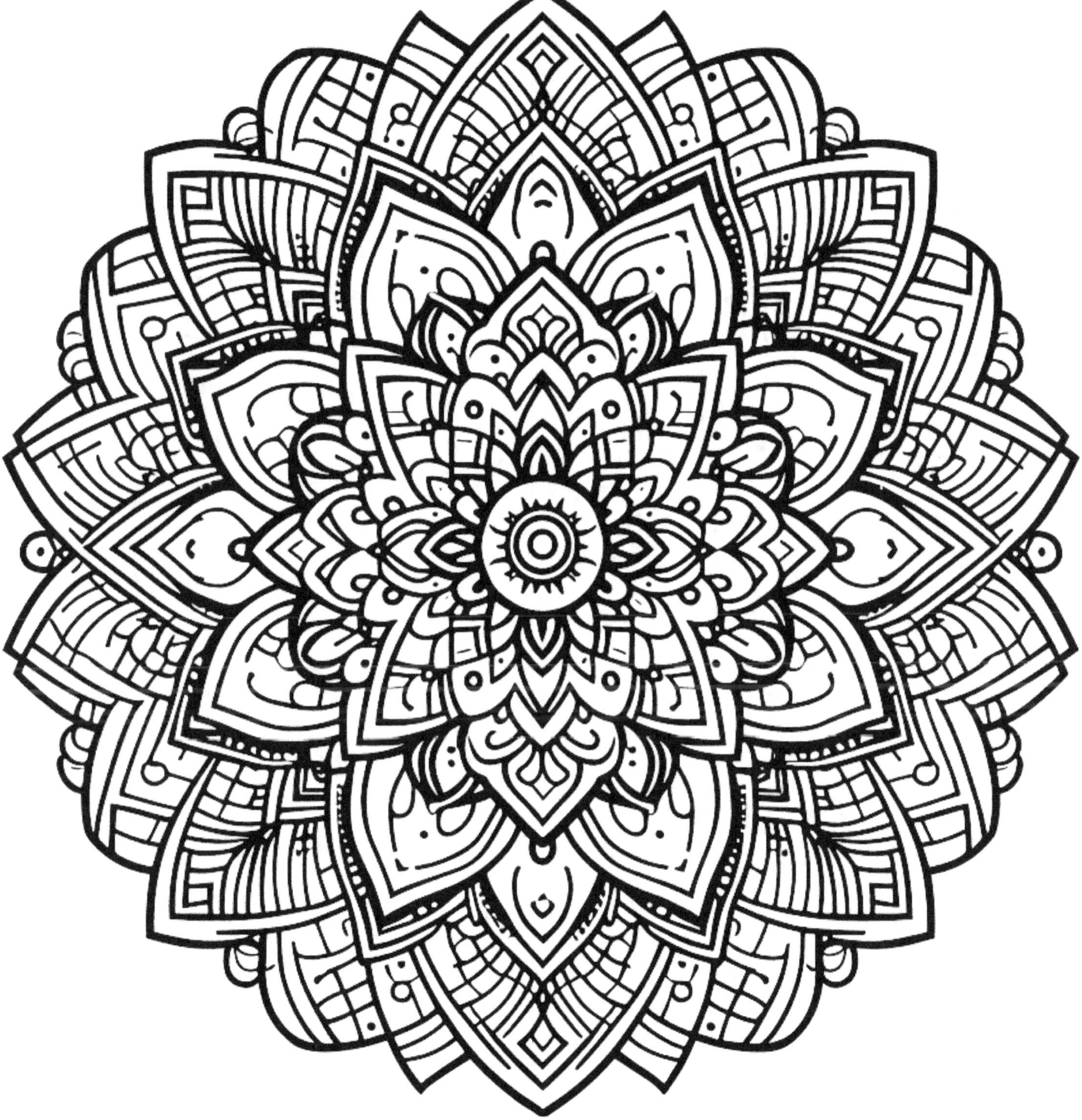

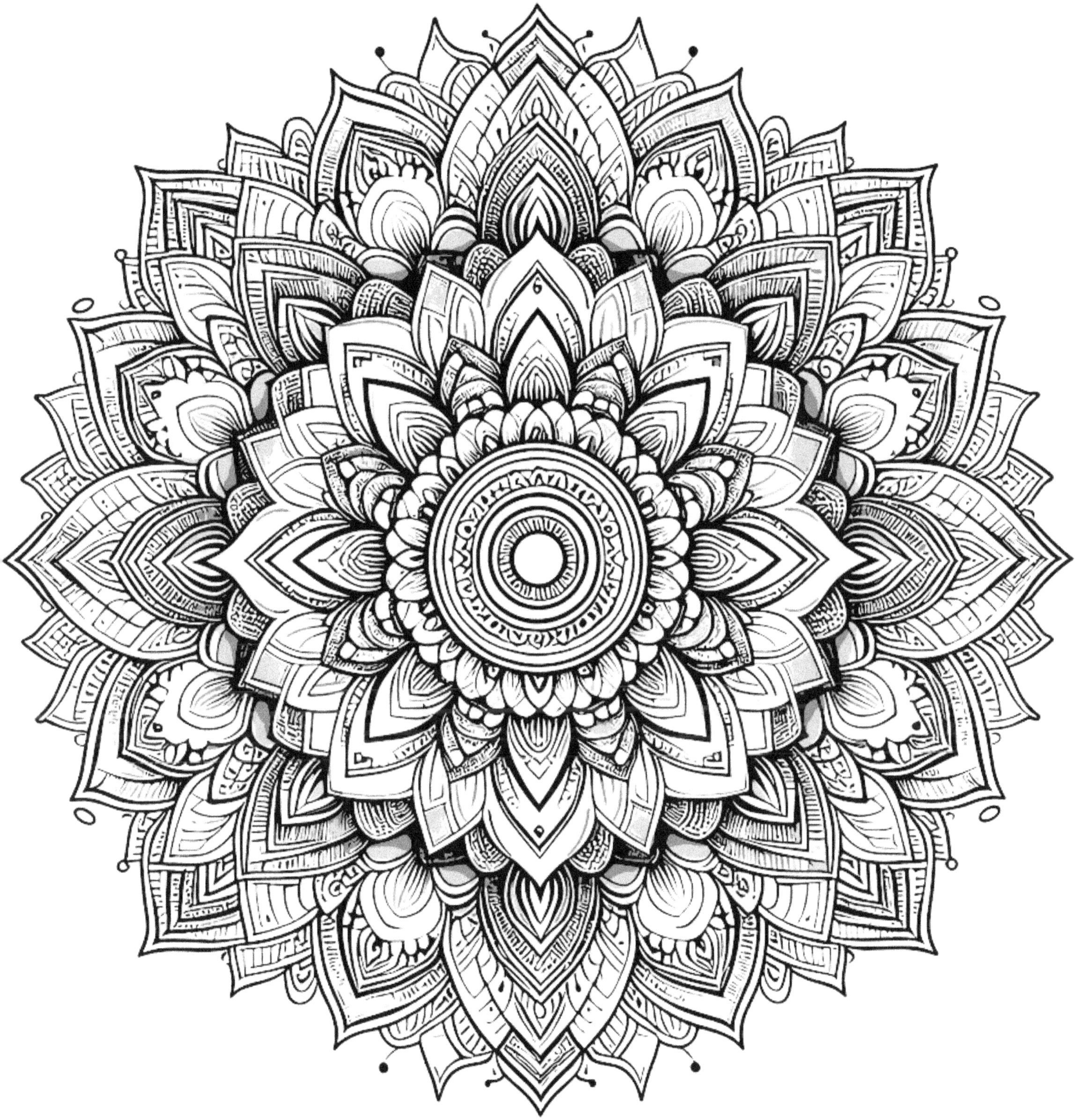

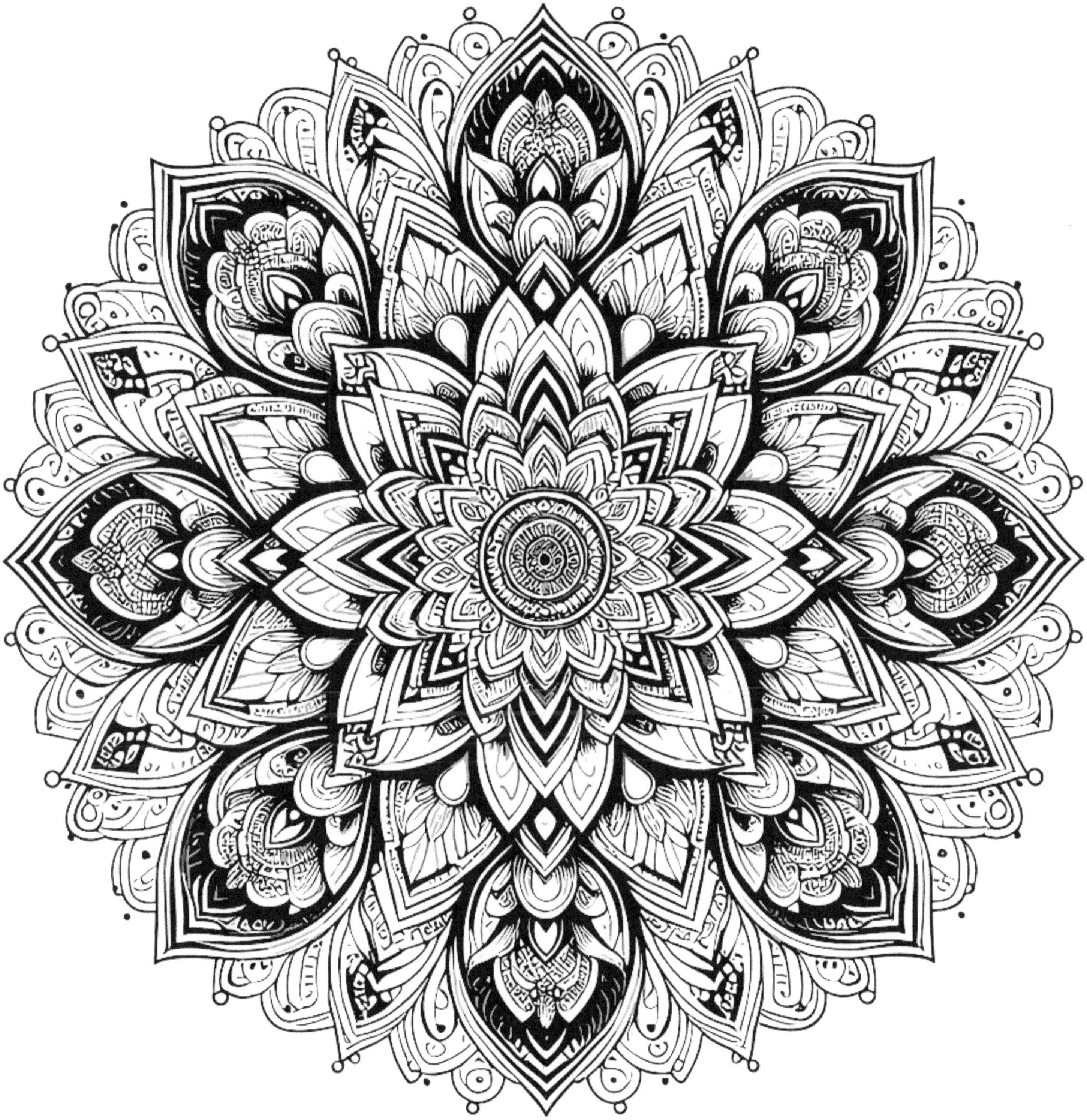

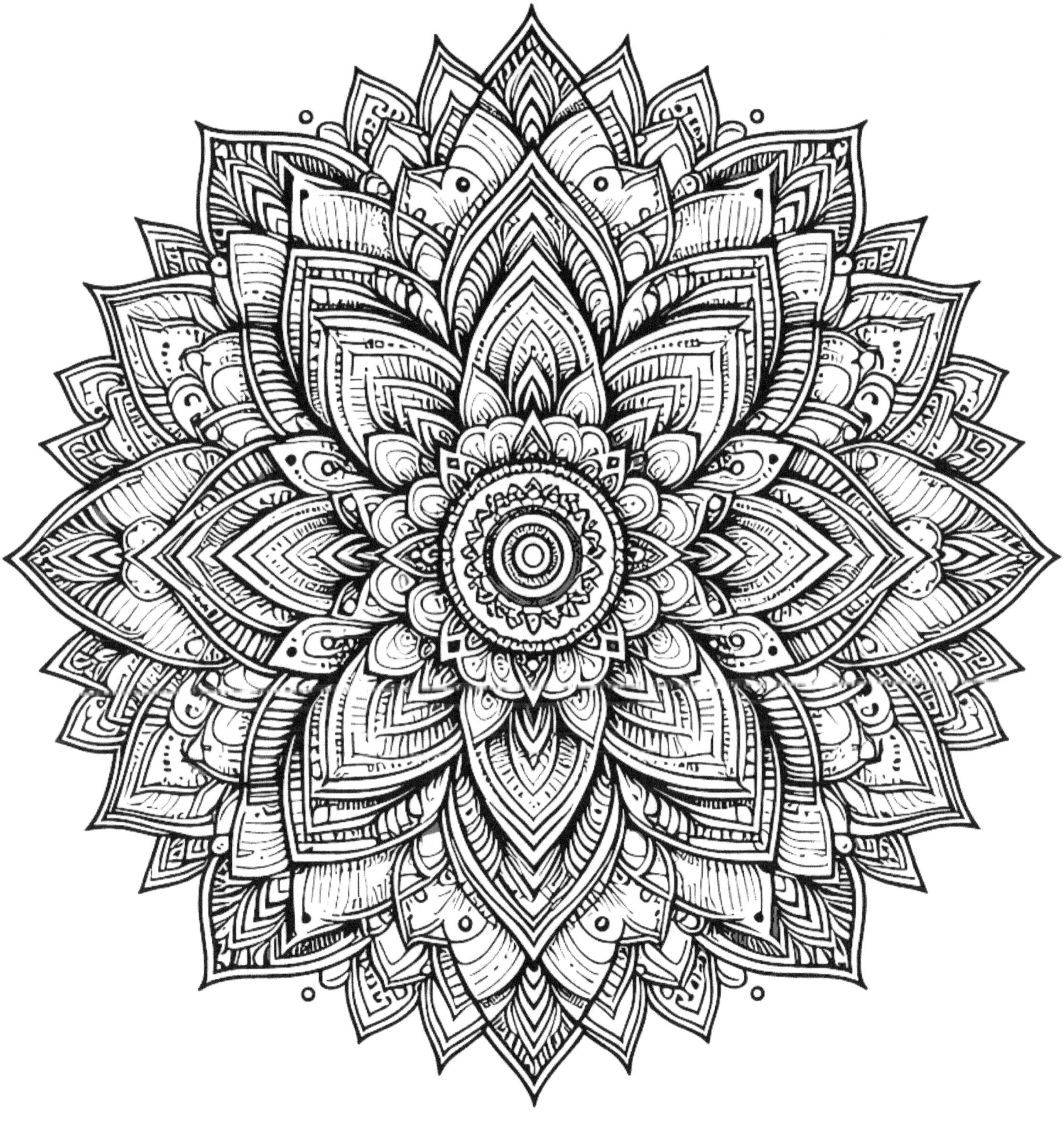

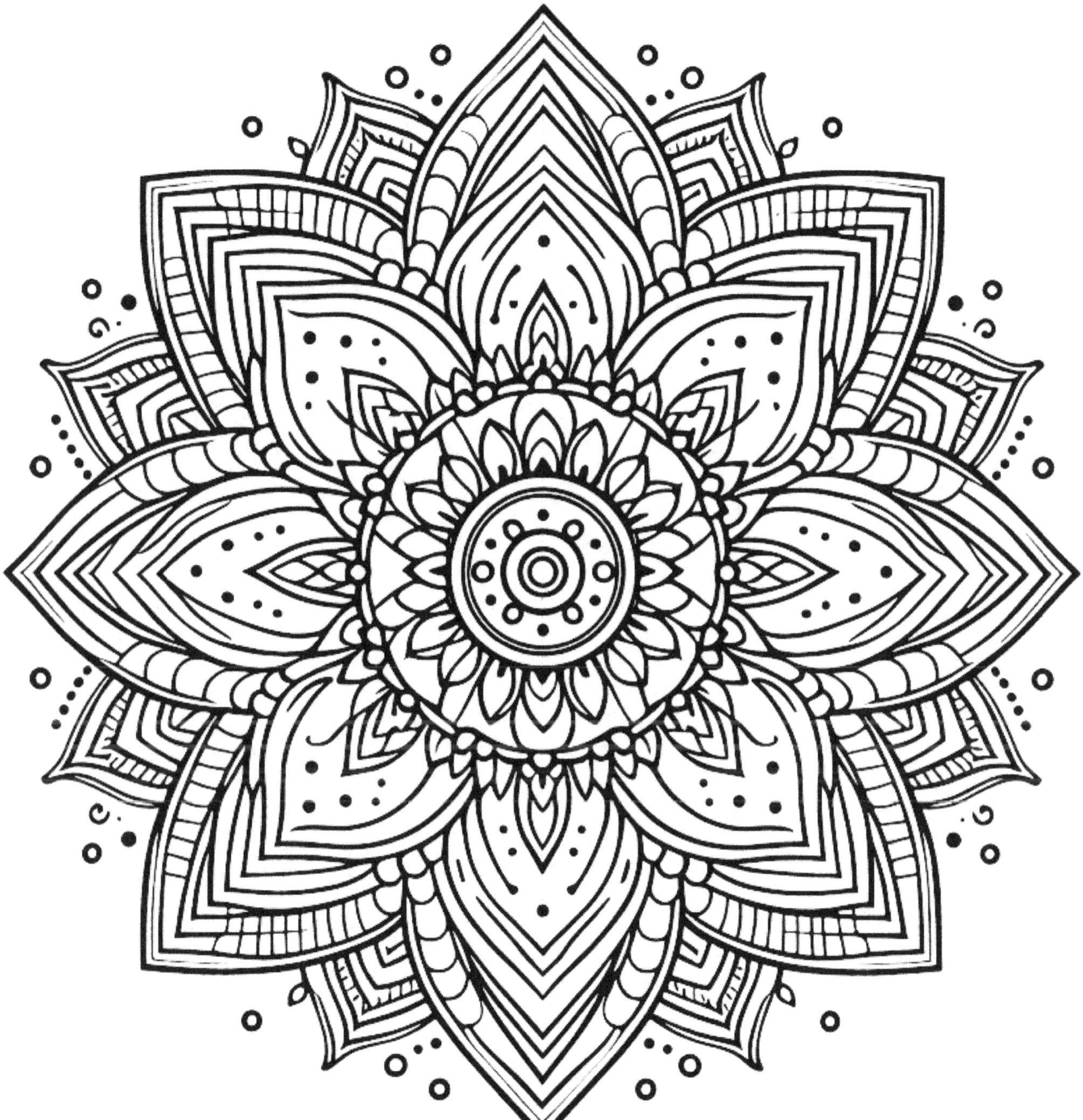

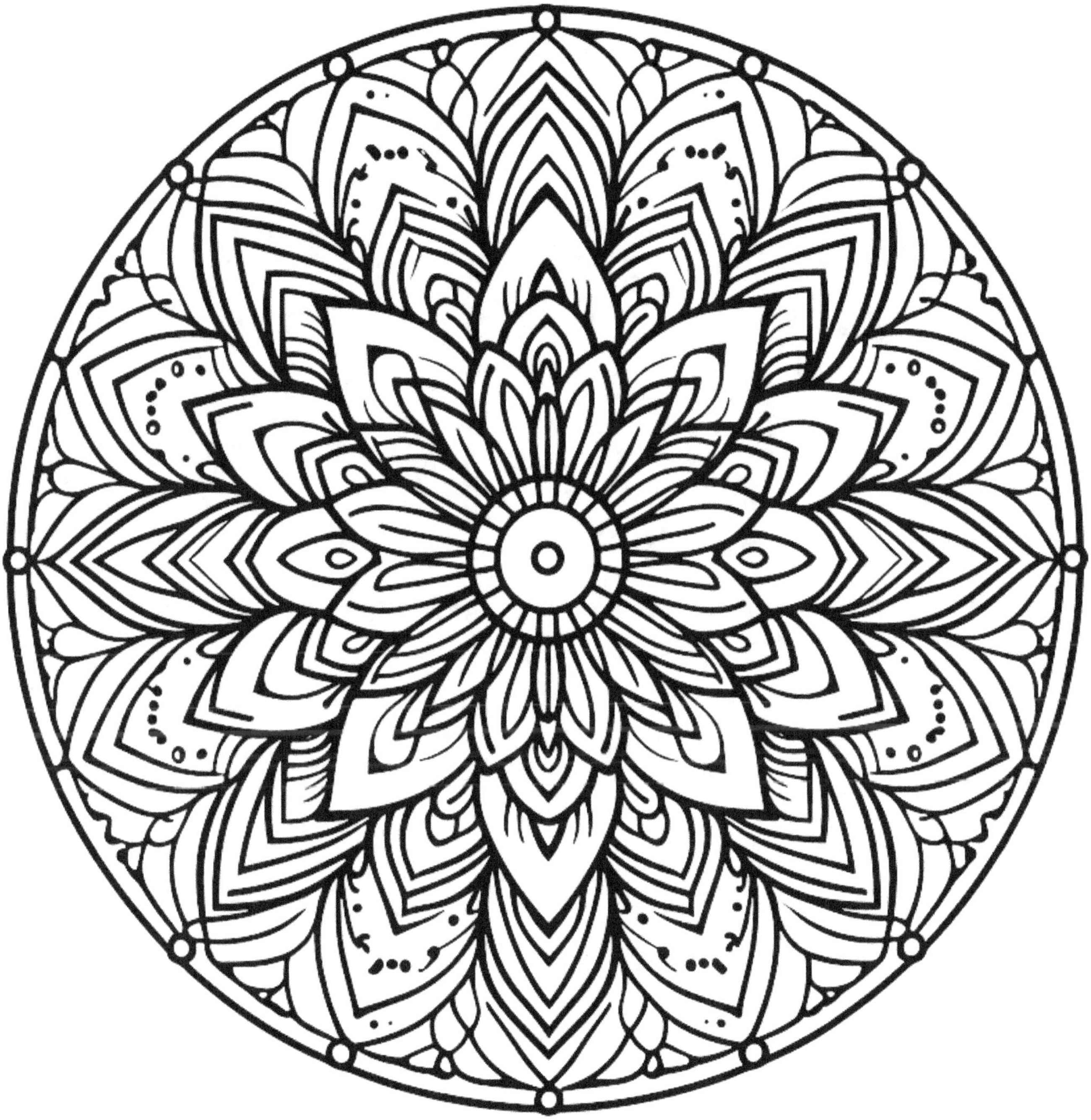

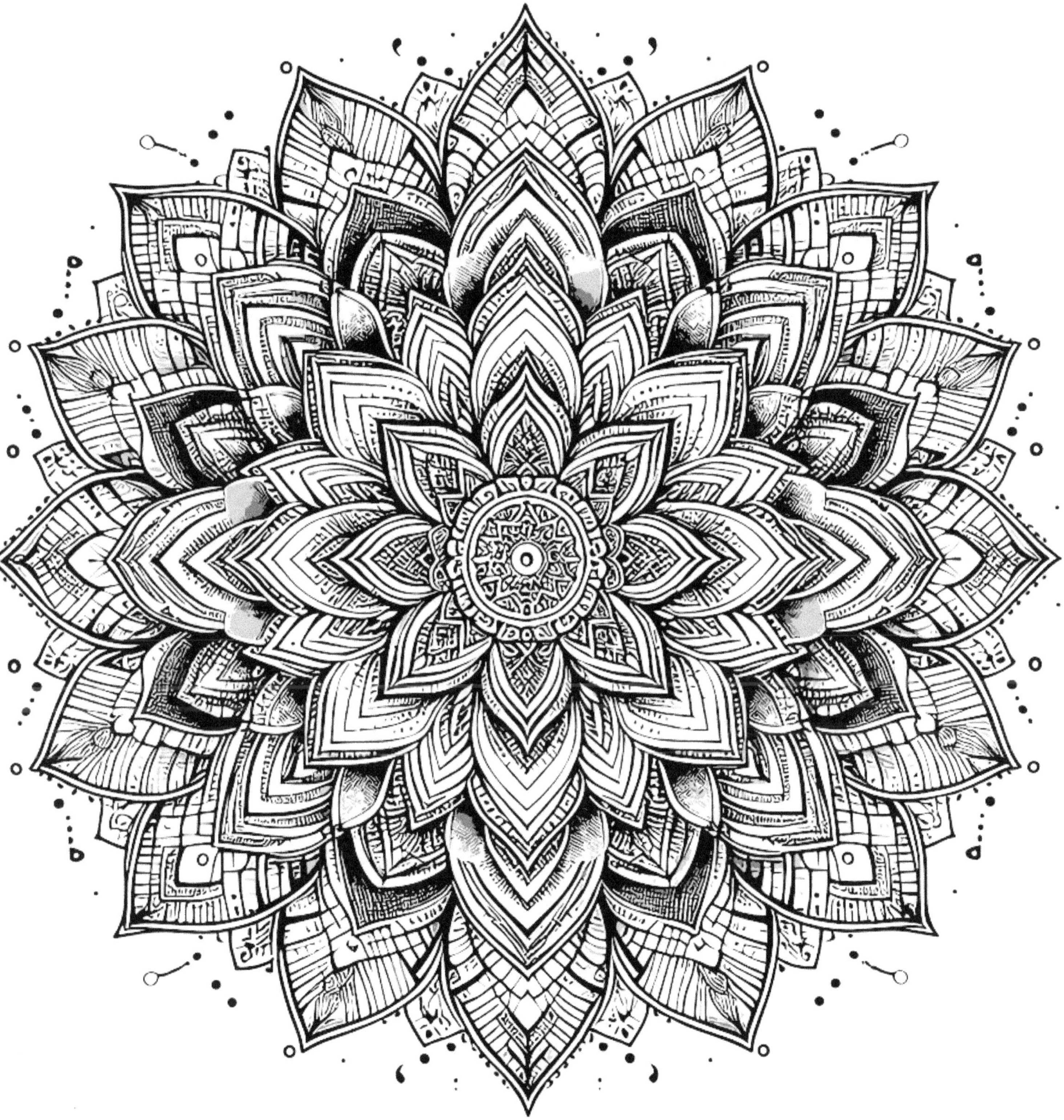

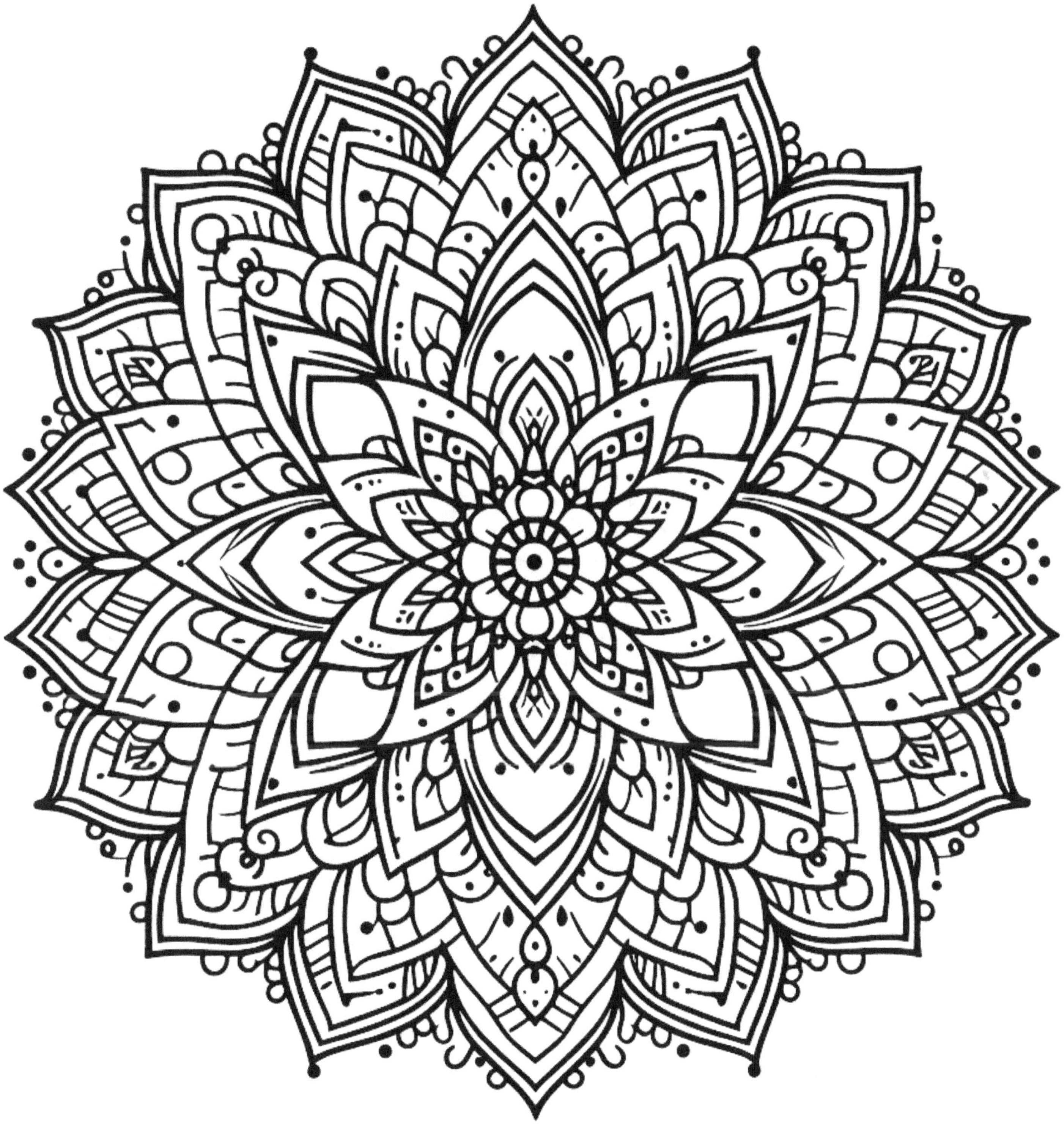

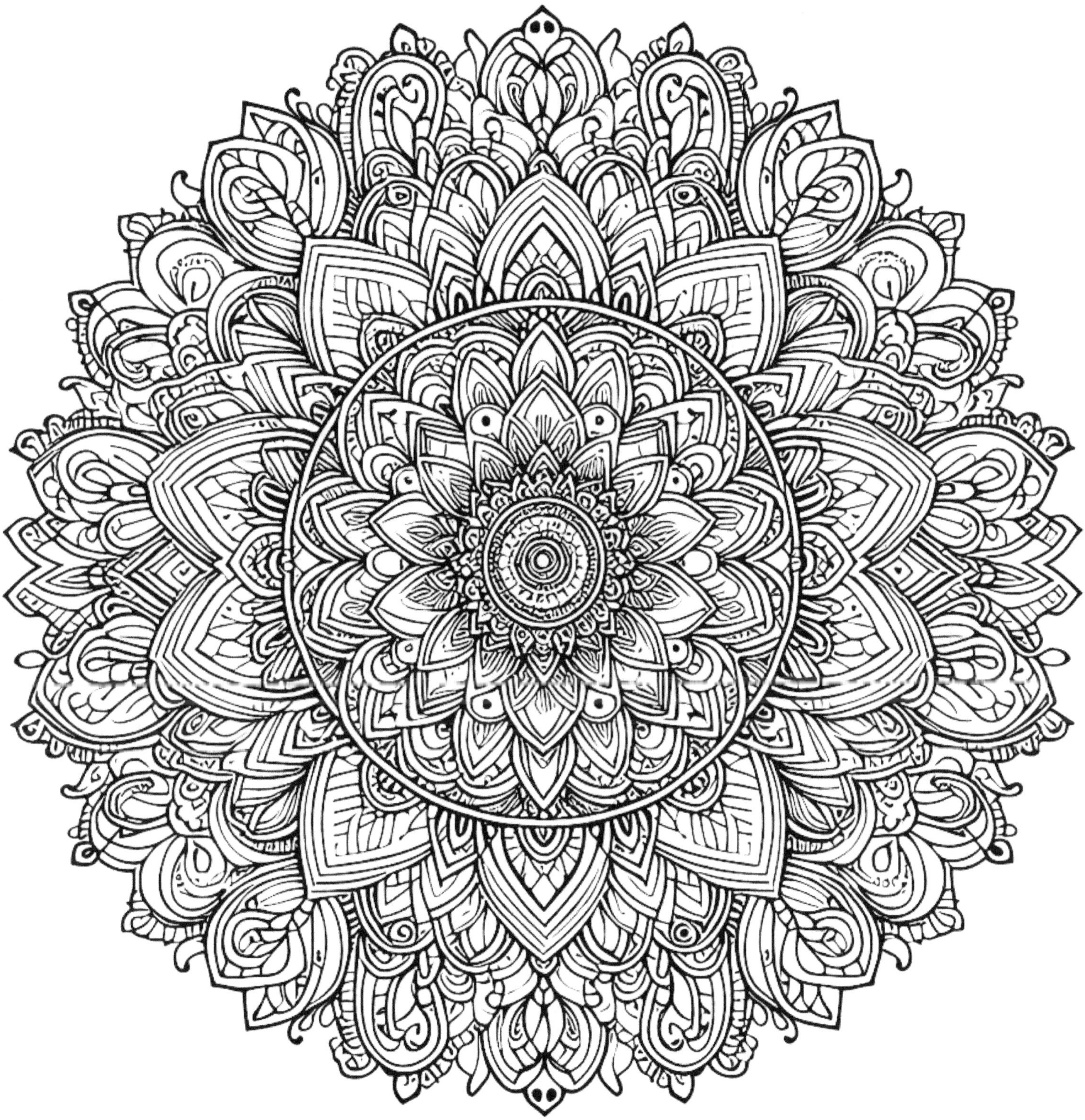

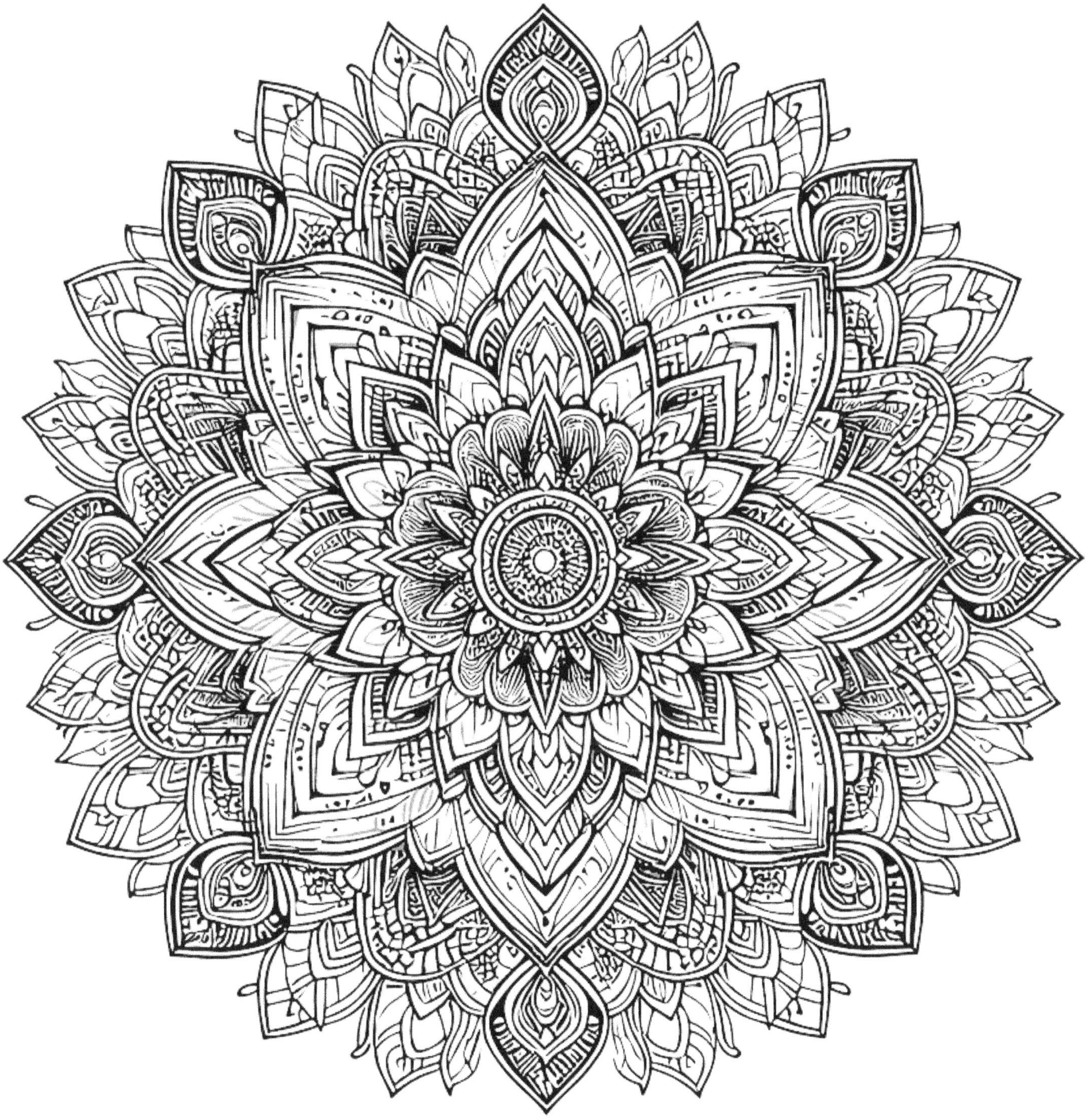

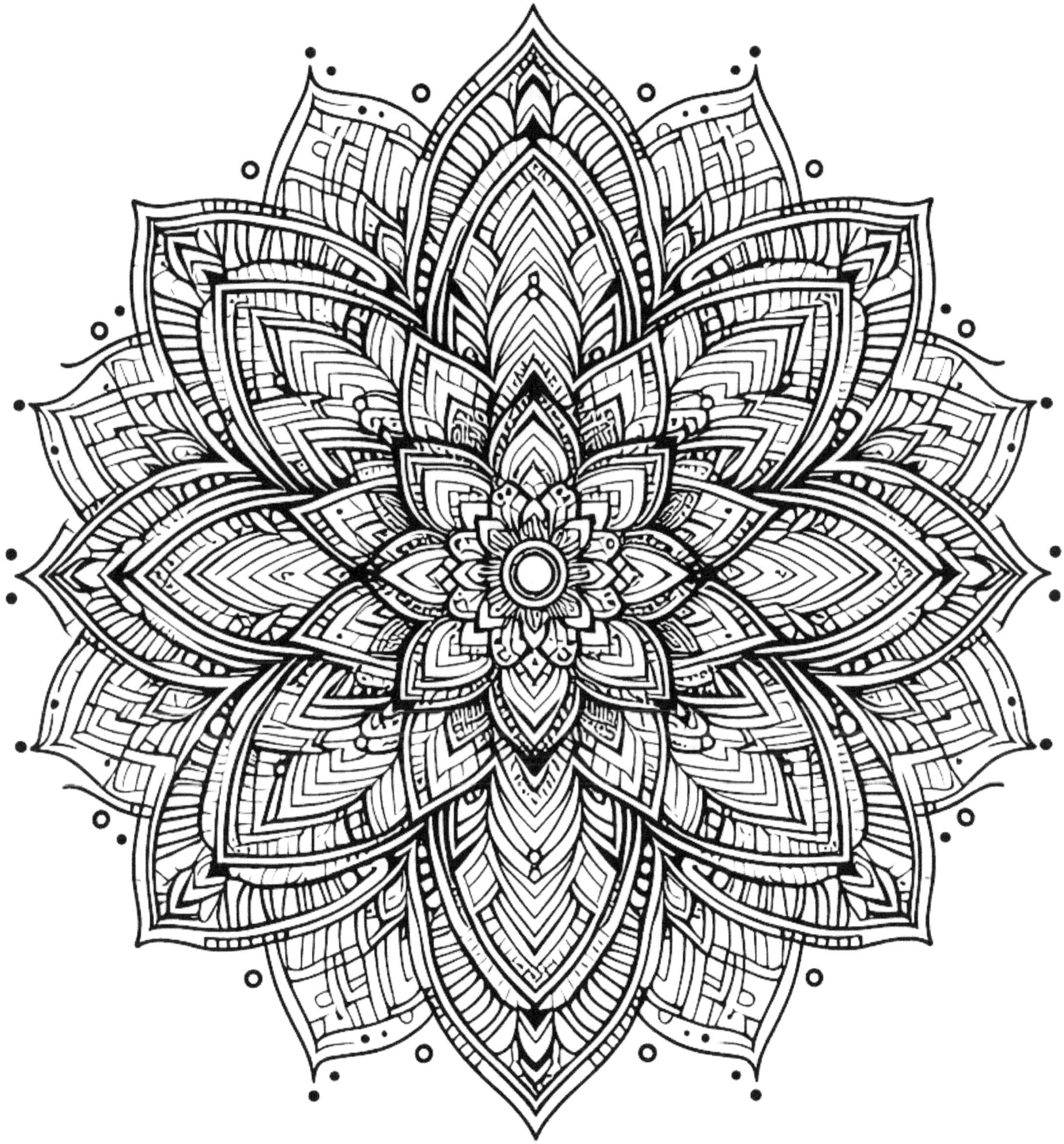

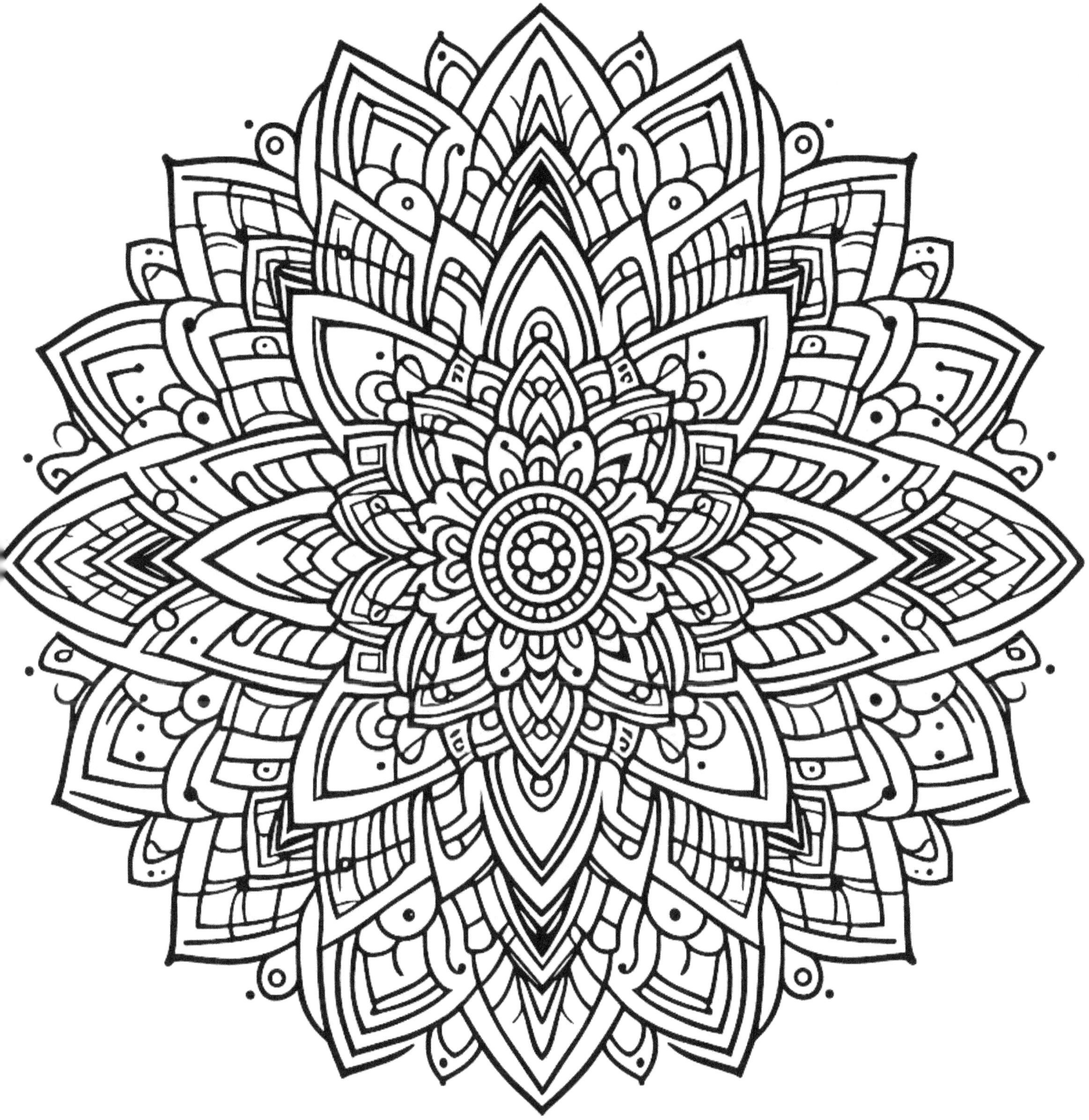

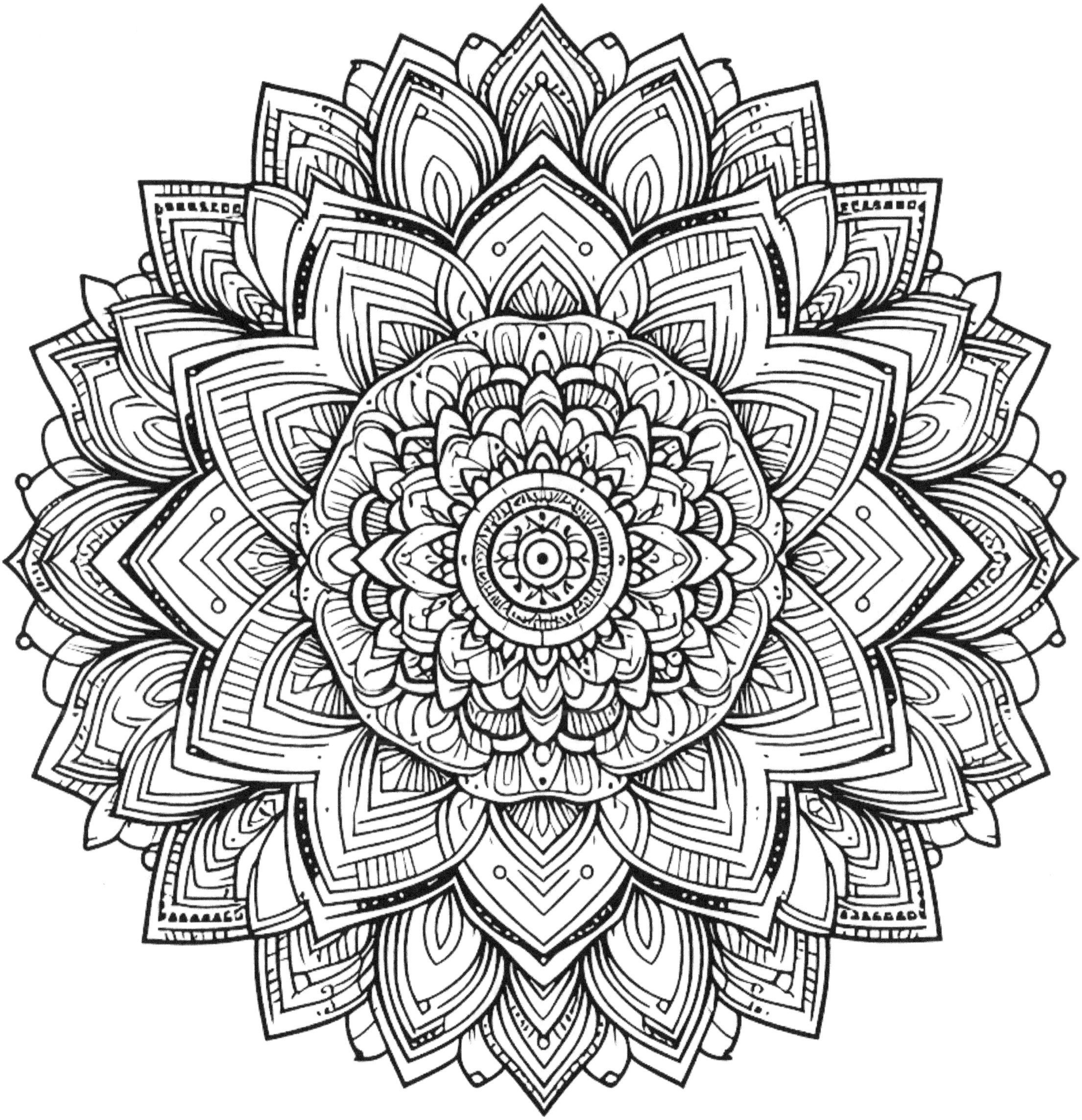

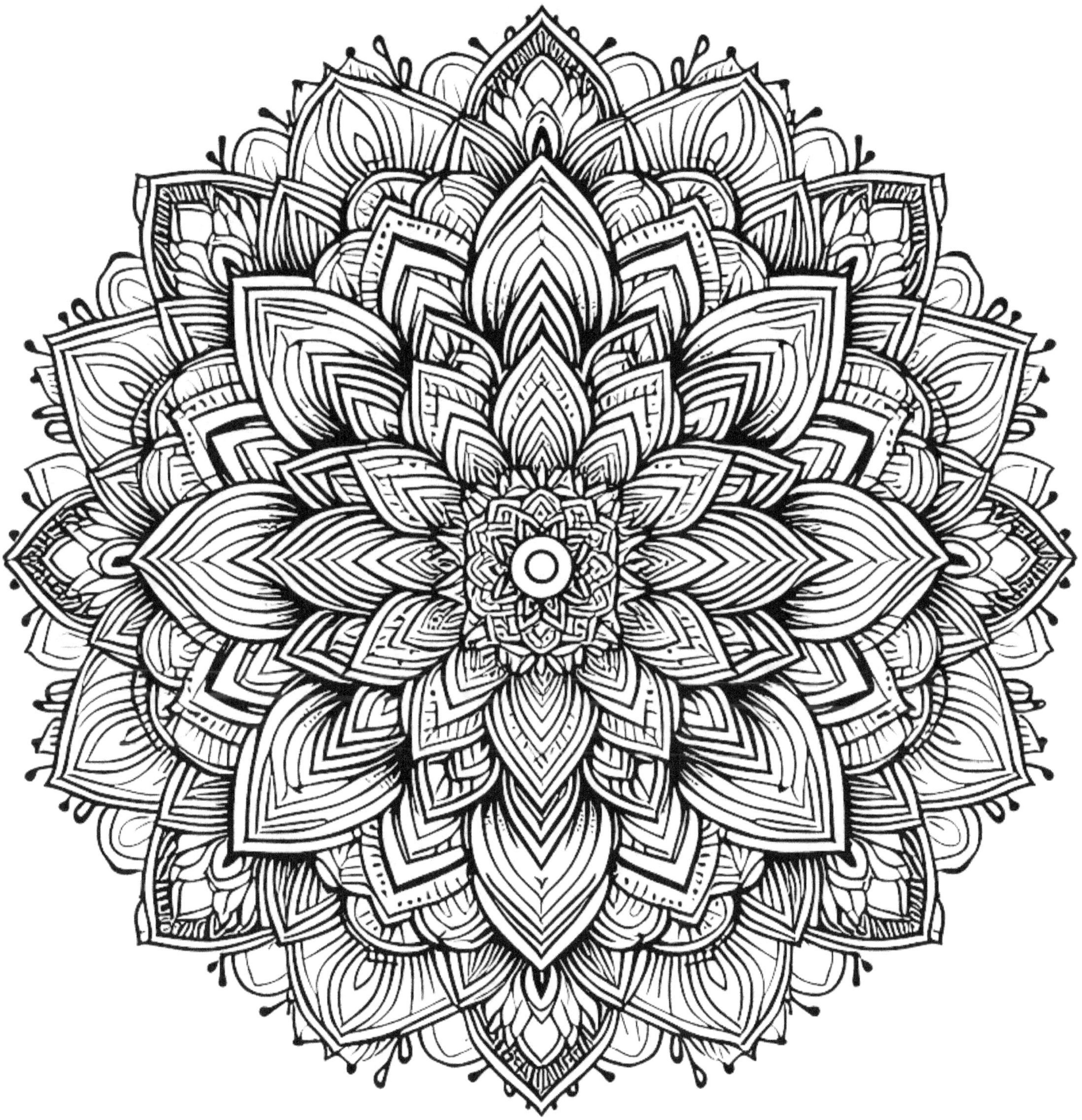

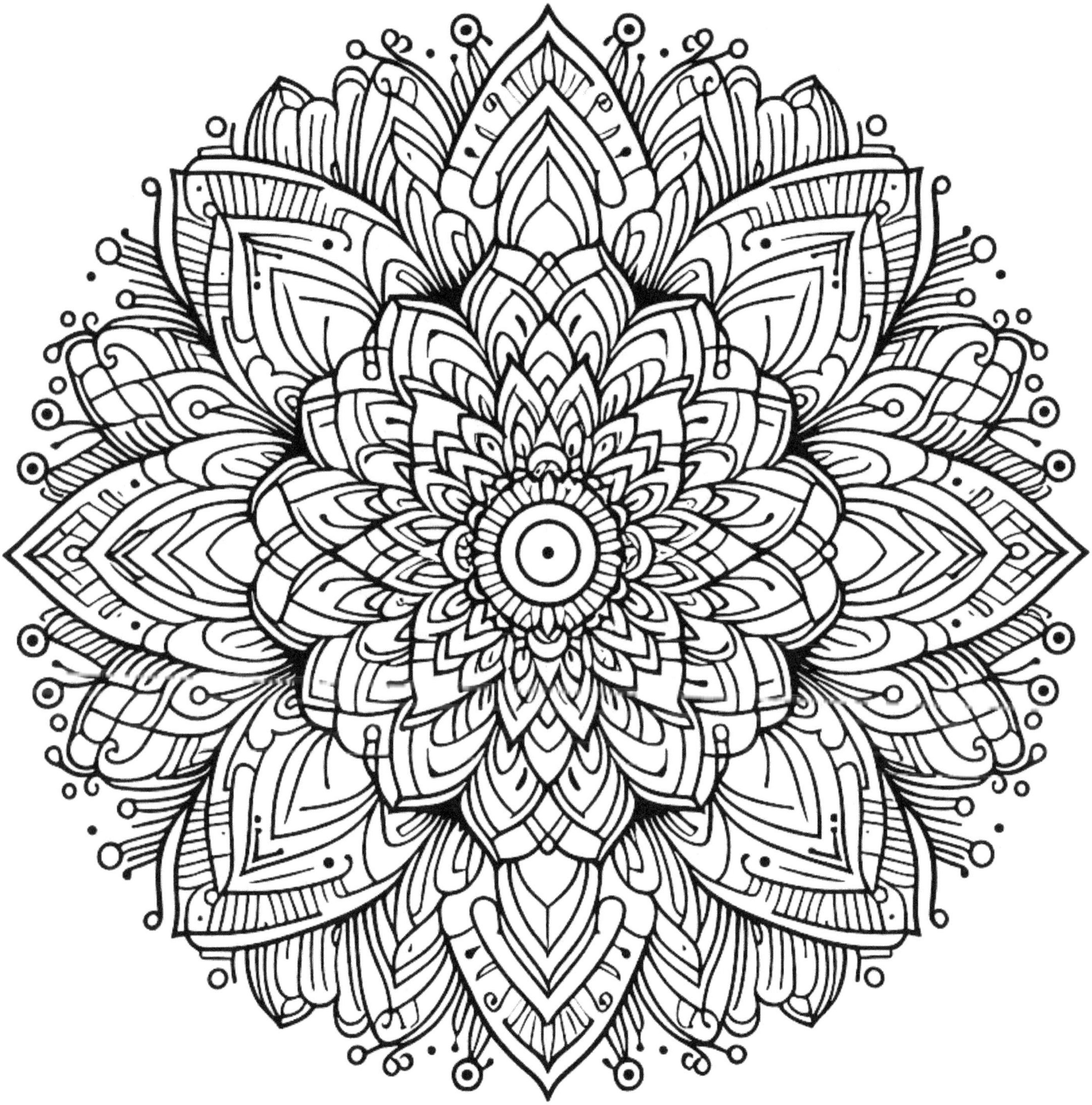

www.ingramcontent.com/pod-product-compliance
Lightning Source LLC
Chambersburg PA
CBHW082132290526
45794CB00008B/3007
* 9 7 9 8 8 7 2 3 6 3 3 3 0 *